NICK HORNBY
DICKENS UND PRINCE

NICK HORNBY

DICKENS UND PRINCE

Unvergleichliche Genies

Aus dem Englischen
von Stephan Kleiner

Kiepenheuer & Witsch

Der Verlag Kiepenheuer & Witsch hat sich zu einer nachhaltigen Buchproduktion verpflichtet. Gemeinsam mit unseren Partnern und Lieferanten setzen wir uns für eine klimaneutrale Buchproduktion ein, die den Erwerb von Klimazertifikaten zur Kompensation des CO_2-Ausstoßes einschließt.

Weitere Informationen finden Sie unter
www.klimaneutralerverlag.de

1. Auflage 2023

Titel der Originalausgabe: *Dickens and Prince.*
A Particular Kind of Genius
© Nick Hornby 2022
All rights reserved
Das Zitat auf S. 7 stammt aus: Claire Tomalin,
Charles Dickens: A Life, Penguin, 2011. Abdruck mit
freundlicher Genehmigung von Penguin Books Ltd.
Deutsch von Stephan Kleiner.
© 2023, Verlag Kiepenheuer & Witsch, Köln
Alle Rechte vorbehalten
Covergestaltung und -motiv: © Miriam Bloching
Gesetzt aus der Dante MT und der Futura PT
Satz: Wilhelm Vornehm, München
Druck und Bindung: CPI books GmbH, Leck
ISBN 978-3-462-00405-2

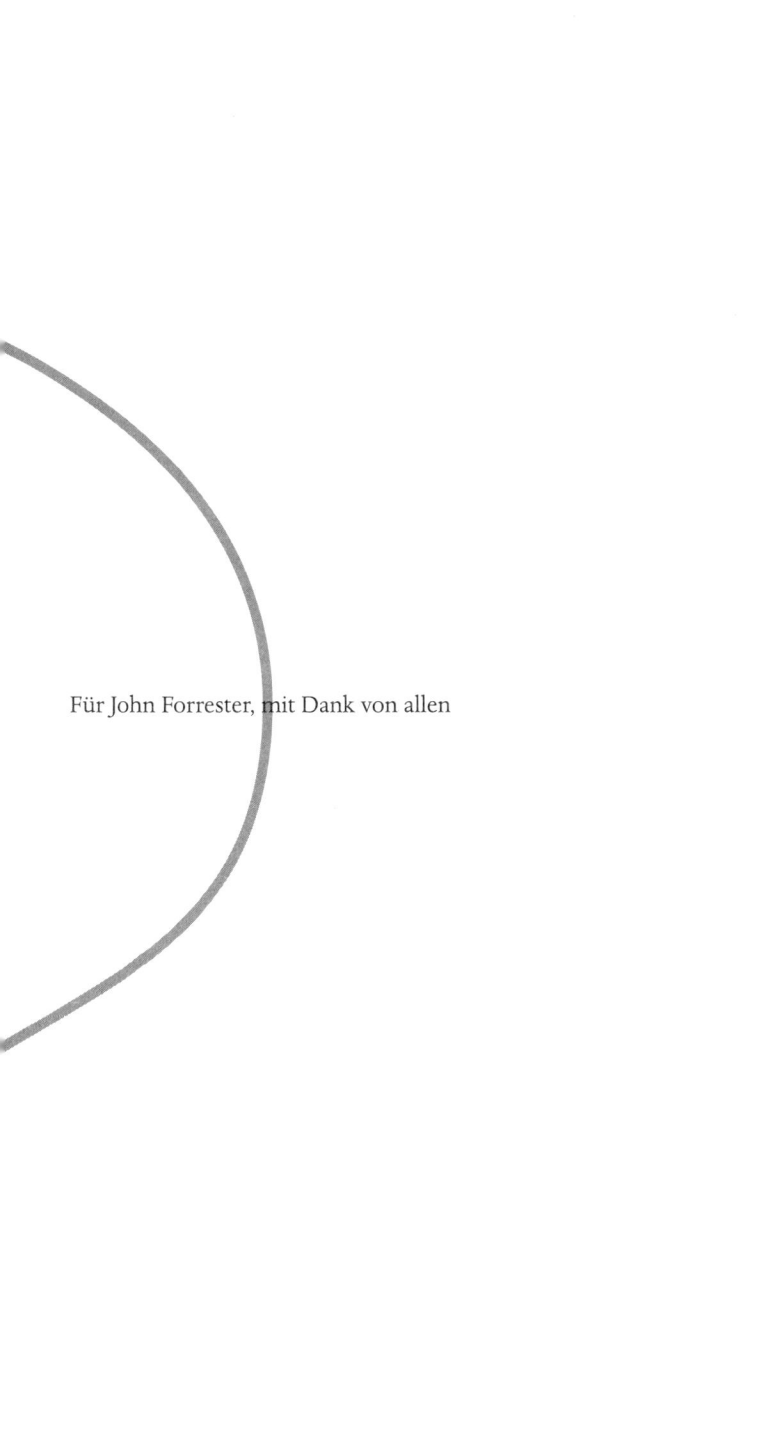

Für John Forrester, mit Dank von allen

Er zog einen Schweif hinter sich her wie ein Komet, und jeder findet seine eigene Version darin [...] Das geschundene Kind, der unbändig ehrgeizige junge Mann ... der besessene Arbeiter [...] Der Mann, der Amerika hasste und liebte. Der Partyveranstalter, der Magier, der Reisende [...] Der Tänzer [...] der Schauspieler, der Schmierenkomödiant [...] Der Unersetzliche und Unwiederbringliche [...] Das strahlende Licht im Raum.

Claire Tomalin, *Charles Dickens: A Life*

INHALT

Illustrationen   11

Einleitung   13
Kindheit   27
Zwischen zwanzig und dreißig   37
Die Filme   60
Das Arbeitsleben   74
Das Geschäftliche   93
Frauen   116
Das Ende   131

Danksagung   155
Ausgewählte Literatur   157

ILLUSTRATIONEN

Grafische Darstellung von Dickens' und Prince' Errungenschaften in ihren Zwanzigern   40

Prince mit der Band Grand Central, 1974   42
© André Cymone

Annonce für Havishams Wedding Centre   62

Umschlagabbildung des vierten Teils von Edward Lloyds *Oliver Twiss*   103
Abdruck mit freundlicher Genehmigung von Louis James, © Louis James Collection.

Fotografie von Charles Dickens in späteren Jahren   143
© Science Museum Group

Titelseite des *Daily Star*, Januar 2022   149
Abdruck mit freundlicher Genehmigung von Daily Star/Mirrorpix.

EINLEITUNG

Es kursierte einmal etwas, ein Meme vor der Zeit der Memes, das die verblüffenden Gemeinsamkeiten zwischen Abraham Lincoln und John Fitzgerald Kennedy aufzeigte: Beide wurden '46 in den Kongress gewählt und '60 zum Präsidenten ernannt; beide erlitten an einem Freitag einen Kopfschuss; beide verloren während ihrer Zeit im Weißen Haus einen Sohn; auf beide folgte im Amt ein Demokrat aus dem Süden namens Johnson; beide wurden von einem Mann mit drei Namen aus insgesamt fünfzehn Buchstaben getötet und so weiter. Nun, so etwas habe ich hier nicht vor. Charles John Huffam Dickens (vierundzwanzig Buchstaben) war ein weißer Schriftsteller aus dem neunzehnten Jahrhundert, und Prince Rogers Nelson (achtzehn Buchstaben) war ein schwarzer Musiker aus dem zwanzigsten und einundzwanzigsten Jahrhundert. Dickens hat nie eine von Prince' Aufnahmen gehört, und nichts lässt darauf schließen, dass Prince je irgendetwas von Dickens gelesen hätte. Man könnte vielleicht das schwachbrüstige Argument vorbringen, dass sie unter einem einzigen Namen bekannt waren und es noch immer sind, aber das gilt eigentlich für die meisten Künstler. Gut, zu Emily muss man immer Brontë dazusagen, wegen ihrer Schwestern. Und zu Michael muss man Jackson dazusagen, da er bekanntermaßen ebenfalls Geschwister hatte und sein außerordentlicher Ruhm zugleich nicht ausreichte, um das alleinige Besitzrecht an seinem höchst gewöhnlichen Nachnamen zu beanspruchen. Durch die Verwendung beider Namen setzt er sich von Stonewall, von Jesse, von Samuel L. und Shoeless Joe ab (vgl. Will und Maggie Smith, Tom und January Jones, Jimmy und Rod Stewart). Ein Name allein reicht nicht aus. Als ich darüber nachdachte, Prince und Dickens in einem längeren Essay zusammenzubringen, gab es eine einzige Übereinstimmung als Arbeitsgrundlage: Bei ihrem Tod waren beide achtundfünfzig Jahre alt. Aber im Jahr 2016 mit achtundfünfzig zu sterben wie Prince, ist etwas ganz anderes, als im Jahr 1870 mit achtundfünfzig zu sterben wie Dickens. Anfang des neunzehnten Jahrhunderts lag die durchschnittliche Lebenserwartung zum Zeitpunkt der Geburt bei vierzig und bei um die siebzig, wenn man den vierzigsten Geburtstag erlebte. Und bei genauerer Betrachtung starb Prince auch gar nicht mit achtundfünfzig. Er starb mit siebenundfünfzig. Also bleibt mir nicht mal das.

Aber die Sache kam folgendermaßen in Gang: Im Jahr 2020 wurde Prince' Album *Sign o' the Times* mit dem obligatorischen Boxset ausgestattet. In der Wiederveröffentlichung eines ikonischen Albums sind meist sämtliche Extras enthalten, die die Plattenfirma aufgabeln kann – ein paar Liveaufnahmen, eine Handvoll Demos der ursprünglichen Stücke, vielleicht ein, zwei verworfene Stücke. *Sign o' the Times* enthielt dreiundsechzig Songs, die nicht auf dem ursprünglichen Album gewesen waren. *Dreiundsechzig!* Das sind fast viermal so viele, wie auf dem eigentlichen Album waren, drei mehr, als Jimi Hendrix in seinem ganzen Leben veröffentlicht hat, zwei mehr, als die Eagles im zwanzigsten Jahrhundert aufgenommen haben ... und sie entstanden fast alle mehr oder weniger gleichzeitig. (Nicht alle wurden für dasselbe Album aufgenommen, aber dazu kommen wir noch.) Die Fanseite PrinceVault verzeichnet 102 Einträge in der Kategorie »1986 aufgenommene Lieder«. Und es deutet sich bereits an, dass 1986 kein untypisches Jahr war. Als ich von dem Boxset las, dachte ich mir: Wer hat sonst noch so viel produziert? Wer hat sonst noch auf diese Weise gearbeitet? Es sollte eine rhetorische Frage sein, aber dann wurde mir bewusst, dass es eine Antwort gab: Dickens. Dickens hat so gearbeitet.

Vielleicht waren noch andere so produktiv, aber ich bezweifle es, zumal Prince noch einiges mehr tat, als nur Platten aufzunehmen, und Dickens tat mehr, als bloß Romane zu schreiben. Aber gedanklich spannte ich sie in diesem Augenblick zusammen, weil sie zu denen gehören, die ich in Ermangelung eines präziseren Ausdrucks als *meine Leute* bezeichnen muss – diejenigen, über die ich im Laufe der Jahre ausgiebig nachgedacht habe, die mich geformt, mich inspiriert, mich zum Nachdenken über meine eigene Arbeit angeregt haben. Ich habe eine ganze Menge solcher Leute, Einflüsse, Vorbilder und Helden. Galton und Simpson, Donald Fagen, Preston Sturges, Barbra Streisand, Robert Altman, Pauline Kael, Kurt Vonnegut, Stephen Sondheim, Mavis Staples, Arsène Wenger, Joan Didion, Anne Tyler, Jerry Seinfeld, Rickie Lee Jones, Aretha Franklin, Thierry Henry, Elizabeth Strout, Raymond Carver, Frederick Exley, Joe Henderson, Lorrie Moore, Edward Hopper, Liam Brady, Peter Blake, Bruce Springsteen, Emmylou Harris, Duke Ellington, Elizabeth McCracken, Larry McMurtry, Roddy Doyle, Tom Verlaine, Peter Wolf, Dave Eggers, Al Green und viele, viele mehr. Ich werde mich nicht darüber auslassen, was sie mir im Einzelnen bedeutet haben: Mal war es ihr Geschmack, mal ihre Denkweise, ihre Seele, ihr Blick für Details, ihr Wagemut, ihr Gespür für Komik und Timing, ihre Arroganz, ihre Hingabe, ihr Mut oder ihre Lebensweise. Jeder, der sein Leben lang kulturelle Erzeugnisse in allen Formen und in womöglich ungesunden Mengen konsumiert hat, verfügt über eine ähnliche Liste, und hat man sein Erwachsenendasein mit irgendeiner Art von kreativer Tätigkeit zugebracht, ist diese Liste wahrscheinlich noch länger, weil man den Input braucht (und weil man, seien wir ehrlich, über Zeit verfügt, die jemand, der am Fließband steht oder in einer Gesamtschule oder Bank arbeitet, einfach nicht hat). Prince und Dickens sind zwei von vielen, aber vielleicht hätten sie einen etwas größeren Schriftgrad verdient als einige der anderen. Sollte noch irgendjemand ein Werk von so überwältigendem Ausmaß geschaffen haben, dann ist es niemand, über den ich viel wüsste. Vielleicht lesen Sie das hier gerade und schreien: Wagner! Picasso! Dann müssen Sie eben Ihr eigenes Buch schreiben.

Dickens habe ich erst auf der Universität gelesen, und ich bin froh über diese Lücke in den Schullehrplänen Mitte der Siebzigerjahre. Hätte man mich gezwungen, ihn auf der Schule zu lesen, wäre mir seine Größe nicht bewusst geworden, und ich kenne viele, die gegen ihn resistent sind, was so gut wie immer daran liegt, dass er ihnen als Jugendliche zwangsverabreicht wurde. »Ich muss etwa neun Jahre alt gewesen sein, als ich *David Copperfield* erstmals las«, schreibt George Orwell in einem Essay aus *Inside the Whale*. »Die geistige Atmosphäre der einleitenden Kapitel war mir auf Anhieb so verständlich, dass ich die vage Vorstellung hatte, sie seien von einem Kind geschrieben.« Tja, die Tage sind gezählt, George. Sie waren es schon zu meiner Schulzeit, und auch in der näheren Zukunft wird es nicht viele Neunjährige geben, die *David Copperfield* lesen. (Und sollte Ihr Kind genau das gerade tun, halten Sie es bitte davon ab. Es wird jeder späteren Freude an diesen außergewöhnlichen Romanen nur im Wege stehen. Und im Übrigen sind Sie furchtbare Eltern.)

Als Orwell neun war, gab es *David Copperfield* schon seit etwa sechzig Jahren. Orwells zeitliche Beziehung zu dem Roman war die gleiche wie unsere zu *Wer die Nachtigall stört* (erschienen 1960), einem weiteren Buch, das uns viel über die Kindheit verrät – oder jedenfalls über *eine* Kindheit. Doch die Sprache des mittleren zwanzigsten Jahrhunderts ist für uns und in jedem Fall für jüngere Menschen wesentlich besser verständlich als die des Viktorianischen Romans mit seinen ausgedehnten Metaphern und Nebensatzketten. Harper Lees Roman wird noch immer in Schulen gelesen, weil ihre Kinderaugen-Ichperspektive äußerst benutzerfreundlich ist und die Länge des Romans (einhunderttausend Wörter anstelle der dreihundertfünfzigtausend von *David Copperfield*) nicht einschüchtert.

Man kann sich gerade eben vorstellen, wie ein superkluges, ein orwellmäßig kluges Kind in die Geschichte von Scout Finch eintaucht, wenngleich sich das Verhältnis zwischen Jugendlichen und Büchern natürlich erheblich verändert hat seit Orwells Kindheit und meiner eigenen und der Kindheit von überhaupt jedem, der in einem Vor-iPad-Zeitalter aufgewachsen ist. Ich las überall, während endloser Autofahrten, in Zügen, in Zahnarztwartezimmern, an verregneten Sonntagnachmittagen, vor allem, weil mir stinklangweilig war. Ich wäre heute kein Leser ohne die quälende, niemals endende, aus nicht existenten Fußballübertragungen im Fernsehen und geschlossenen Geschäften resultierende Langeweile, die mich in die örtliche Bibliothek und später in die Buchhandlungen trieb – die sonntags natürlich geschlossen waren. Meine jüngeren Söhne, beide im einundzwanzigsten Jahrhundert geboren, haben nie die Art von Stumpfheit kennengelernt, die sie veranlasst hätte, in der Literatur Zuflucht zu suchen, und obwohl das bedauerlich ist, freut es mich auch für sie. Ein Teil von mir wünschte, mich nicht so gelangweilt zu haben, dass ich mein halbes Leben mit der Nase in Büchern verbrachte. Aber so verzweifelt ich auch war, umwehte Dickens doch immer ein Hauch artiger BBC-Vorabend-Kostümdramen, und ich machte einen weiten Bogen um ihn.

Ich war zwanzig oder einundzwanzig, als ich anfing, *Bleak House* zu lesen. Alt genug. Ich hatte E. M. Forster in der Schule gelesen und Vonnegut, Nathanael West und Chandler zu Hause, und ich weiß noch, dass Dickens auf dem Lektüreplan stand, nachdem wir – oder zumindest meine Kommilitonen, denn ich hatte mich nicht lange damit herumgeschlagen – uns gerade durch den Gawain-Dichter und *Piers Plowman* und wahrscheinlich noch irgendetwas geackert hatten, was ich als junger Clash-Fan vollkommen unverdaulich fand. Und ich erinnere mich an zweierlei: Zum einen war es lustig, und Dickens' Ausdrucksweise und komische Einbildungskraft waren für mich völlig überraschend. Ich erkannte ungläubig, dass ihm viel daran gelegen war, die Leser zum Lachen zu bringen. Wer hätte das gedacht? Ich nicht. Zum ersten Mal lachte ich in Kapitel acht, als Esther Summerson mit der Weltverbesserin Mrs Pardiggle den Armen der Stadt einen Besuch abstattet. Sie laden sich beim örtlichen Ziegelstreicher ein, dessen Haus »in einer Gruppe jämmerlicher Hütten« steht, ein Schock für Esther; da ist ein »Schweinestall dicht vor den zerbrochenen Fenstern«, ein »kleines ächzendes Kind am Feuer«, ein Mädchen, das in Schmutzwasser irgendetwas zu waschen scheint, und der Ziegelstreicher liegt verdreckt auf dem Boden und raucht Pfeife. So weit, so Dickens oder zumindest Dickens, wie ich ihn mir vor der Lektüre vorgestellt hatte, als einen, der Armut voller Wut und Mitgefühl beschreibt. Doch darauf folgt eine urkomische Tour de Force, in der der Ziegelmacher die Fragen der Weltverbesserin vorwegnimmt und ihr die Antworten entgegenschleudert. »Ob ich Ihner kleines Buch glesen hab? Nein, ich hab Ihner kleines Buch nicht glesen. Hier kann keiner lesen, und dann paßts für ein Wickelkind, und ich bin kein Wickelkind. Und wie ich mich aufgführt hab? Drei Tag bsoffen gwesen! Und ich hätt mich vier Tag lang bsoffen, wenns Geld glangt hätt. […] Und woher hat meine Frau das blaue Äug? Hm. Von mir. Und wenn sie sagt nein, so lügts.«

Ich überlege, ob mich zu diesem Zeitpunkt schon einmal irgendein Buch zum Lachen gebracht hatte. Bücher schienen mir im Allgemeinen nicht lustig zu sein. Meine Erfahrungen mit Humor in der Literatur wurden von Rowan Atkinson in der Rolle des verblühenden Schullehrers in einem brillanten Sketch aus jener Zeit auf den Punkt gebracht. »Hören Sie auf zu kichern, Babcock! Das ist nicht lustig. *Antonius und Cleopatra* ist kein lustiges Stück. Hätte Shakespeare gewollt, dass es lustig ist, dann hätte er einen Witz hineingeschrieben. In *Antonius und Cleopatra* gibt es keine Witze … In welchem Shakespeare-Stück gibt es einen Witz? Wer weiß es? In *Die Komödie der Irrungen,* Himmel noch mal! In *Die Komödie der Irrungen* gibt es den Witz, dass sich zwei Leute zum Verwechseln ähnlich sehen. Zweimal.«

Für mich war das die perfekte Zusammenfassung literarischen Humors: Zwei Menschen sahen einander ähnlich, und wir sollten darüber lachen. Morecambe und Wise brachten mich zum Lachen und *Taxi* und *Fawlty Towers* und meine Freunde, aber keine Bücher. Doch diese Passage ließ mich laut auflachen, und sie schien in humoristischer Hinsicht auf dem neusten Stand zu sein. Es war kein kuscheliger Showbiz-Humor; es war so gnadenlos wie *Fawlty Towers* und Monty Python, aber in Gestalt von Mrs Pardiggle und Mrs Jellyby fand sich darin auch die präzise beobachtete Darstellung eines wiedererkennbaren zeitgenössischen Typus. Wir sind immer schon von Menschen umgeben gewesen, die sich einem guten Zweck verschrieben haben und dadurch übergriffig, gönnerhaft und unsensibel werden; wir alle kennen Menschen, die sich mit den großen Problemen der Welt auseinandersetzen und darüber ihre eigenen Familien vernachlässigen wie Mrs Jellyby.

Und als Zweites ist mir von dieser ersten Lektüre, bei der mir aufging, dass ich Dickens womöglich unterschätzt hatte, im Gedächtnis geblieben, dass es da diesen unglaublichen Moment gab, in dem ich spürte, dass sich die Erzählung wie ein riesiges Tankschiff in Bewegung setzte. Das Buch war so monumental, dass ich gar nicht auf die Idee gekommen war, so etwas wie Bewegung wäre überhaupt möglich; ich dachte, ich würde einfach so lange müßig darin umherschlendern, bis es an der Zeit war, einen Essay darüber zu schreiben. Ich war mir nicht sicher, ob ich es überhaupt zu Ende lesen würde; meine drei Jahre auf der Universität waren mit ähnlichen Schiffswracks übersät. Doch als es einmal Fahrt aufgenommen hatte, wurde mir bewusst, dass es mich schlicht dorthin bringen würde, wohin es wollte, und dass ich weder anhalten noch aussteigen konnte. Ich war Dickens-Fan.

Wie viele andere, die in den 1970er- und 1980er-Jahren zeitgenössische amerikanische Musik hörten, wurde ich durch Prince' ersten Hit »I Wanna Be Your Lover« auf ihn aufmerksam. Mehr als die ekstatisch wippenden ersten Sekunden brauchte man nicht zu hören, wenn man bereits auf die Isley Brothers, Chic und Sly Stone stand. Es war das erste Stück des Albums mit dem Titel *Prince,* was nach einem Debüt klingt, aber keines war: Es hatte schon ein erstes Album mit dem Titel *For You* gegeben, das floppte. Während ich das schreibe, wird mir bewusst, dass ich Prince und Dickens im Abstand von nur achtzehn Monaten begegnet bin, aber natürlich fühlt es sich heute nicht so an, und es hat sich auch damals nicht so angefühlt. Prince war ein neuer Musiker, mehr oder weniger ein Zeitgenosse, noch keine große Nummer, und Ende der Siebziger entdeckte ich so jemanden alle paar Wochen. Dickens war fester Bestandteil des britischen Lebens. Er hatte sein eigenes Adjektiv, und seine Figuren sind in die Alltagssprache eingegangen. Auch wenn Prince und Dickens also während desselben Lebensabschnitts zu »meinen Leuten« wurden, wusste ich damals noch gar nicht, dass es so etwas wie »meine Leute« überhaupt geben würde – ich wusste nicht, dass ich Künstler, die ich mochte, als Inhaltsstoffe für meine eigene Arbeit verwenden würde, und ganz bestimmt hätte ich nicht gewusst, wie ich einen einundzwanzigjährigen R-&-B-Sänger aus Minneapolis mit einem einhundertsiebenundsechzigjährigen Schriftsteller aus Portsmouth zusammenbringen sollte.

Jedenfalls verlor ich Prince nach diesem Album ein wenig aus den Augen. Ich rechnete nicht damit, dass ich an einer Platte mit dem Titel *Dirty Mind* großes Interesse haben würde. Mir kam der Verdacht, dass Prince sich als eher einseitig erweisen könnte und dass der Sexkram genau diese eine Seite wäre, eine Masche, ein schmuddeliger Showbiz-Trick in einer Zeit, in der ich auf Authentizität aus war, was auch immer das bedeuten mochte. Natürlich irrte ich mich. Der Sex war authentisch, ein Teil von ihm, der sich durch ihn hindurchzog wie die Schrift durch eine Zuckerstange[1], aber Prince zu lieben, bedeutete, im Laufe der Jahrzehnte über einige unangenehm anzügliche Texte hinweghören zu müssen. (Vor seinem Tod erzählte er in mindestens einem Interview, er lebe enthaltsam, was möglicherweise damit zusammenhing, dass er den Zeugen Jehovas angehörte, aber irgendwie glaube ich, dass er uns nicht dadurch im Gedächtnis bleiben wird.) Er verschwand also aus meinem Blickfeld, bis 1999 und insbesondere »Little Red Corvette« herauskam. In »Little Red Corvette« hält er uns noch an, uns ein Objekt der Liebe vorzustellen, das benutzte Kondome in der Hosentasche aufbewahrt, offenbar ohne sich bewusst zu werden, dass eine solche Entdeckung für viele von uns in einer einsamen Nacht und einem langen, furchtsamen Duschbad statt in stundenlanger erotischer Verzückung münden würde. Aber das Lied ist großartig mit seinem umwerfenden Gesang, den unwiderstehlichen Hooklines, den ziemlich genialen Metaphern, die sich durch das ganze Stück ziehen und sowohl die aufregenden Seiten eines One-Night-

---

1 Fremdsprachige Leser: Besucht man eine englische Hafenstadt, ist es Brauch, dort eine Zuckerstange zu kaufen, einen Stab aus harter, meist rosa-weißer Zuckermasse, durch deren Querschnitt von Anfang bis Ende der Name der Hafenstadt verläuft, sodass man ihn nach jedem Biss noch lesen kann. Es ist eine so nützliche und regelmäßig verwendete Metapher, dass ich mir gar nicht vorstellen kann, wie ihr ohne sie auskommt.

Stands als auch seine Gefahren darstellen, und mit dem 60er-Jahre-Backbeat unter einer Decke aus Post-Disco-Synthesizern. Ich liebte das Album *Purple Rain* und sah mir den Film am Premierenabend an, aber trotz der Musik und der fesselnden Schauspieldarbietungen war er so schlecht (haben Sie seit 1984 noch mal versucht, sich den Film anzusehen, nun, da diese großen Songs geläufiger sind?), dass Prince noch immer keinen Zutritt zum VIP-Teil meines Gehirns erhielt.

Und dann, eines Abends im August 1986, sah ich ihn zum ersten Mal live, und es war sensationell. Verschwunden waren die Rock-Ikonografie und der Rock-Sound, die ihn zum Weltstar gemacht hatten: Es war wie ein James-Brown-Konzert, ein Lied ging ins nächste über, die vielköpfige Band – männliche Tänzer, ein Satz Bläser – war bis zur absoluten Perfektion eingespielt. Und dann war da noch Prince – Prince, der großartige Soulsänger mit dem tiefen Grollen und dem durchdringenden Falsett, Prince, der unwiderstehliche Tänzer, Prince, der weltbeste Gitarrist. Im Jahr darauf erschien mit *Sign o' the Times* sein bestes Album, und das war's. Ich ging noch auf einige weitere Konzerte, aber beim nächsten Mal, während der Lovesexy-Tour, gab es – man hätte es aufgrund des Titels erahnen können – Autos und Betten auf der Bühne und nicht annähernd so viel Musik, wie ich wollte und beim ersten Mal auch bekommen hatte.

Doch mit den Jahren wurde offensichtlich, dass Prince ein unvergleichliches Genie war. Er konnte nicht aufhören zu schreiben, aufzunehmen, zu spielen. Er konnte seine Kreativität nicht eindämmen, und er schien es auch gar nicht zu wollen. Er konnte nicht aufhören zu arbeiten. Es gibt gar nicht so viele Künstler ohne Ausschalter, und ich glaube, unter »meinen Leuten« gibt es außer Prince und Dickens keinen einzigen. Was können wir daraus lernen, wenn wir uns zwei Künstler ansehen, beide auf ihre Weise einzigartig (weshalb die Paarung vielleicht doch nicht so ungewöhnlich ist), die buchstäblich mehr als genug Talent hatten? Wie hat sie das verändert? Hat es ihnen in irgendeiner Weise geschadet, privat, beruflich? Lässt sich irgendwie in Erfahrung bringen, woher es kam? Hat es sie am Ende umgebracht?

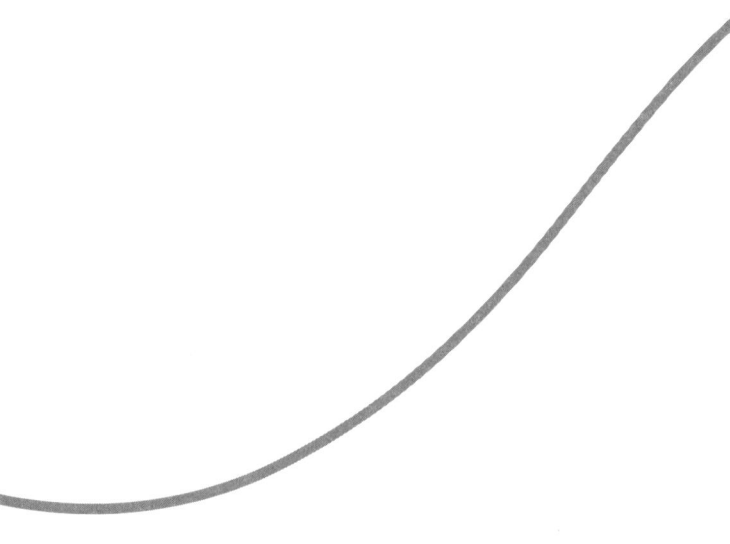

KINDHEIT

Ach, und beide hatten als Heranwachsende mit Geldproblemen zu kämpfen. Es gab und gibt so viele arme Menschen auf der Welt, dass das nichts Besonderes zu sein scheint, aber sie waren wirklich bedeutende Künstler, und die in der Kindheit erfahrene Armut hätte sie daran hindern sollen, es so weit zu bringen. Denn das ist schließlich der normale Gang der Dinge, oder? Und in vielen Bereichen ist es tatsächlich noch immer so, aber im Laufe des zwanzigsten Jahrhunderts hat die Kunst eine Veränderung durchgemacht und ihre Schöpfer mit ihr. Elvis Presley, Cary Grant, Louis Armstrong, Billie Holiday, James Brown, Jimi Hendrix, Charlie Chaplin, Dolly Parton, Leonardo DiCaprio, Jay-Z, Giganten auf ihrem jeweiligen Gebiet, litten allesamt unter lähmender Armut.

Und dann waren da noch die allseits bekannten Künstler, die nicht verhungerten, soweit bekannt, deren Eltern jedoch alles andere als wohlhabend und teils nicht einmal in der Lage waren, die eigenen Kinder zu versorgen. Richard Burton, eines von dreizehn Kindern, Sohn eines Bergarbeiters, wurde von seiner Schwester großgezogen; Marilyn Monroe wurde zum Staatsmündel; James Dean wuchs bei Tante und Onkel auf und Marvin Gaye in einer Sozialsiedlung in Washington; Martin Scorsese, der an chronischem Asthma litt, kam in Queens zur Welt, und seine Eltern arbeiteten im Textilviertel. Man könnte die Behauptung aufstellen, dass sie nicht trotz, sondern *wegen* ihrer Armut berühmt wurden. Es gibt da natürlich das Bedürfnis und den Drang auszubrechen, worauf wir später noch zu sprechen kommen. Aber sie lernten alle, ihrem Ich und dem Leben, das sie gelebt hatten, auf eine Art und Weise Ausdruck zu verleihen, die in Millionen anderer Menschen etwas ansprach – Menschen, die ihre Erfahrungen geteilt hatten, oder Menschen, die offenbar nichts mehr von denen hören wollten, die ein privilegierteres Leben geführt hatten. (In den 1960ern waren an den Eliteuniversitäten jede Menge Studenten auf Hendrix versessen.)

Entscheidend ist auch, dass die Türhüter der Populärkultur meist in ähnlichen Verhältnissen aufgewachsen waren. Eliteuni-Absolventen leiteten keine Studios oder Plattenlabels oder schusterten ehemaligen Eton-Kommilitonen Jobs zu. Jack Warner von Warner Bros. war ein Kind polnisch-jüdischer Einwanderer, die in Kanada vor den Pogromen Zuflucht gesucht hatten. Darryl Zanuck wurde in Wahoo (Nebraska) geboren. Berry Gordy von Motown schmiss in der elften Klasse die Schule, um Boxer zu werden. Sam Phillips, Besitzer von Sun Records und Entdecker von Elvis, war das jüngste von acht Kindern und half auf der gepachteten Farm seiner Eltern bei der Baumwollernte.

Wie man sieht, fällt es mir nicht schwer, bekannte Beispiele zu finden. James Dean, Monroe, Elvis, Hendrix … von den meisten dieser Künstler hätte man in jeder Filiale eines Musik- oder Postergeschäfts Plakate kaufen können, als es so etwas noch gab. Einige von ihnen hat Warhol auf Lithografien verewigt. Mit dem Besuch einer Privatschule kann man sich noch immer einen Studienplatz, einen Lehrstuhl, eine Stelle in einer Kanzlei oder einer Bank, einen Sitz im Vorstand eines bedeutenden Unternehmens oder eine politische Laufbahn erkaufen. Was man sich damit offenbar nicht erkaufen kann, ist der Status eines Superstars im Bereich der populären Kunst, was nur einer der Gründe für meine Liebe zur populären Kunst ist. Man könnte den Rest seines Lebens als Kulturkonsument damit verbringen, Menschen zuzusehen, Menschen zuzuhören, die Bücher von Menschen zu lesen, die in ihrer Jugend nur zu wenigen Dingen Zugang hatten, und es wäre ein reichhaltiges und erfülltes kulturelles Leben – sicherlich reichhaltiger und erfüllter als das von jemandem, der aus irgendeinem Grund nur die Erzeugnisse von Sprösslingen wohlhabender Familien konsumieren wollte.

Prince' Probleme – und man weiß erstaunlich wenig über seine Kindheit, über die er selten sprach – schienen in der Scheidung seiner Eltern zu wurzeln. Möglicherweise litt er als Kind an Epilepsie, und es scheint, als hätte er unter zumindest seelischem Missbrauch durch seinen Stiefvater gelitten. »Manchmal glaube ich, die Gemeinsamkeit zwischen Prince und anderen Genies – Ray Charles, Bessie Smith und James Brown – besteht darin, dass sie irgendwann von ihren Müttern verlassen wurden«, schrieb Questlove in einem nach Prince' Tod erschienenen *Rolling-Stone*-Artikel. »Viele Black-Music-Künstler wurden von ihren Vätern verlassen, aber durch eine abwesende Mutter entsteht ein Bruch, der viel tiefer geht.«

Er zog zu seiner Tante und dann zu seinem Vater, aber im Anschluss an eine Auseinandersetzung, bei der es möglicherweise um Sex und Mädchen im Haus ging, warf der Vater ihn hinaus. »Er sprach manchmal über seine Vergangenheit und seine Familie, und es war kein unbelastetes Thema für ihn«, sagte Peggy McCreary, eine von Prince' Toningenieurinnen. »Außerdem hat mir sein Manager einige Dinge erzählt, die etwas Licht darauf warfen, wer er war. Über die Art, wie er aufwuchs, und dass er kein Zuhause hatte und mit zwölf auf der Straße landete und dass er bei [seinem Freund und Bandmitglied] Andre im Keller wohnte und sein Dad vielleicht einmal in der Woche vorbeikam und ihm Kuchen zum Essen brachte […] Es war ziemlich hart. Er war mehr oder weniger auf sich allein gestellt, bis er groß rauskam, und dann tauchten natürlich alle wieder auf.« Falls Prince und Dickens nach ihrem Tod auf irgendeine Weise miteinander kommunizieren konnten, ist leicht vorstellbar, dass sie recht bald auf Leute zu sprechen kamen, die unvermittelt wieder auf der Bildfläche erscheinen.

Dickens' Armut ist im Gegensatz zu der von Prince wohlbekannt und gut dokumentiert. Sein Freund und erster Biograf John Forster lässt ihn in *Charles Dickens' Leben* persönlich zu Wort kommen, und seine Erfahrungen sind in fiktionalisierter Form in mehrere seiner Romane eingeflossen. Wieder lautet die magische Zahl zwölf: In diesem Alter wurde Dickens von zu Hause fortgeschickt, um ohne seine Familie in einer von ungnädigen Betreibern geführten Fremdenpension zu leben. Zum Arbeiten schickte man ihn in eine Fabrik für Schuhpolitur; Vater, Mutter und die jüngeren Familienmitglieder lebten unterdessen im Marshalsea, einem Schuldnergefängnis. Es ist schwer zu sagen, wer von beiden, Prince oder Dickens, die traumatischere Kindheit hatte, zumal in Anbetracht von Prince' Verschwiegenheit in Bezug auf sein Leben vor dem Starruhm. Dickens' Trauma war ganz sicher schwerwiegend, aber es kam mehr oder weniger aus heiterem Himmel über ihn, und die schlimmste Phase war uncharakteristisch kurz.

Die meisten in extremer Armut aufwachsenden Kinder bleiben arm, aber mit den Dickens ging es in finanzieller Hinsicht auf und ab. John Dickens bezog ein recht ordentliches Gehalt, konnte aber so schlecht mit Geld umgehen, dass ihm die Schulden schließlich über den Kopf wuchsen, was den allmählichen Abstieg der Familie durch die verschiedenen Klassen der Viktorianischen Gesellschaft jäh beschleunigte. Doch auf den Sturz folgte ein gewisser Aufstieg. John Dickens wurde als Angestellter des Naval Post Office pensioniert und fand eine neue Tätigkeit. Charles ging wieder zur Schule, und erstaunlicherweise wurde die Zeit in der Fabrik weder von seiner Mutter noch von seinem Vater jemals wieder erwähnt.

Am gerechtesten ist es wohl zu sagen, dass sie es beide nicht leicht hatten, vor allem in ihrer Jugend. Es wäre nicht falsch, ihre jungen Jahre als dickenshaft zu bezeichnen, und mit demselben Begriff ließe sich auch die Kindheit vieler der oben genannten Ikonen beschreiben. Nur sehr wenige von ihnen waren einfach nur arm, so wie Dolly Parton – eine Hütte mit einem einzigen Raum, elf Geschwister, zwei Eltern. Bei Marilyn, James Dean (eindeutig ein weiteres Mitglied im Zwei-Namen-Club), Hendrix und Chaplin ging die Armut mit der Katastrophe Hand in Hand: abwesende oder tote Eltern, Gewalt, Missbrauch. Mehrere dieser Ikonen des zwanzigsten Jahrhunderts wurden zu irgendeinem Zeitpunkt von jemand anderem als den eigenen Eltern aufgezogen. Ärmeren Menschen widerfährt dergleichen häufiger, aber es senkt ganz sicher ihre Chancen auf herausragende Erfolge.

Wie sind Prince und Dickens also mit ihren Katastrophen umgegangen? Als Prince noch zu Hause lebte, hatte er Zugang zu dem Klavier, das sein Vater, ein Berufspianist, zurückgelassen hatte. (Er spielte in einer Jazzband, zu der auch Andres Vater gehörte.) Prince' Stiefvater sperrte ihn mitunter stundenlang ein, aber während dieser Zeit fand er eine Beschäftigung, die sich später noch als sehr nützlich erweisen sollte. Andre Anderson, dessen Eltern der Keller gehörte, in dem Prince sich nach seinem Auszug verkroch, war Mitglied in der Band des jugendlichen Prince, und offenbar bewahrten sie ihre Instrumente genau dort auf, wo Prince schlief. Was passierte in Andres Keller? Vermutlich ähnliche Dinge, wie die, die zu Streitigkeiten mit seinem Vater geführt hatten, aber das kann nicht alles gewesen sein. Prince ist als Drummer, Keyboardspieler und Bassist ebenso gut wie so ziemlich jeder andere, dem er je einen Platz in der Band gab, und ein überragender Gitarrist. Beim ersten Album *For You* taucht sein Name als einziger in den Credits auf. Sämtliche Stücke wurden von ihm und nur von ihm geschrieben, produziert, gesungen und eingespielt – jeder Song, jedes Instrument, jede Zeile Backgroundgesang. Er war zwanzig Jahre alt, und es ist schwer vorstellbar, dass es keinen Zusammenhang zwischen seiner Zeit als Kellerbewohner und dieser wirklich erstaunlichen Virtuosität gab.

Als Dickens seinen Vater zum ersten Mal im Marshalsea besuchte, erzählte John Dickens ihm, ein Einkommen von 20 Pfund und Ausgaben von 19 Pfund, 19 Schilling und 6 Penny ergäben in der Summe Glück, aber Ausgaben in Höhe von 21 Pfund würden ein ganz anderes Ergebnis zeitigen. Mit anderen Worten, eine der berühmtesten Figuren der englischen Literatur wurde mehr oder weniger im selben Augenblick geboren, in dem Dickens durch die Tore des Gefängnisses trat. Micawber aus *David Copperfield* verkörpert einen Zustand optimistischer Verblendung, und sein Name zog bald in den allgemeinen Sprachgebrauch ein – ein »Ismus« und ein Prinzip sind nach ihm benannt. (Man vergisst leicht, dass Micawbers Optimismus sich am Ende auszahlt und er nach Australien aufbricht, wo er eine gute neue Anstellung findet.) Aber noch am Tag vor seiner Inhaftierung erzählte John Dickens seinem Sohn, mit ihm gehe es zu Ende, was Charles in tiefe Verzweiflung stürzte. Die Marshalsea-Episode ereignete sich Mitte der 1820er-Jahre, doch Micawber erblickte erst Ende der 1840er das Licht der Öffentlichkeit. Vielleicht brauchte Dickens so lange, um in der fürchterlichen Notlage seines Vaters eine Art liebevolle Komödie zu sehen (wobei der Roman *Oliver Twist,* der zumindest teilweise im Trauma und der Scham des Autors gewurzelt haben muss, in den 1830ern geschrieben wurde, als Dickens Mitte zwanzig war), aber schließlich gelang es ihm. Seine Erfahrungen wurden stets zu Kunst gemacht, durch seine Vorstellungskraft in etwas Bedeutsames, Eindringliches und immer wieder auch Humorvolles verwandelt.

Der Einfluss dieser armseligen und beängstigenden

Jahre ist überall in seinen Büchern spürbar. »Klein« Dorrit ist »ein Kind des Marshalsea«, aber es gibt in Dickens' großen Romanen jede Menge anderer Kinder, die allesamt leiden – sie sind arm, werden zu früh zur Arbeit geschickt, sind dem Willen unzulänglicher, unfähiger oder schlicht glückloser Eltern unterworfen. »Es waren nicht seine Schützlinge, deren Sache er mit so viel Pathos und Humor vertrat und für die er das Gelächter und die Thränen der ganzen Welt gewann, sondern es war gewissermaßen sein eigenstes Selbst«, schreibt Forster. Man kann getrost sagen, dass Prince mehr über Sex als über die Gesellschaft schrieb, und wenn er Stücke über die Welt draußen vor seinem Fenster verfasste – »Sign o' the Times«, »Baltimore« –, dann waren es Protestlieder wie in Dylans Frühwerk. Er ist ein leidenschaftsloser Beobachter. Was auch immer ihm als Jungen widerfuhr, blieb im Verborgenen, soweit wir wissen, oder wurde allenfalls gestreift.

Der Psychologe Dean Keith Simonton schrieb, man stelle sich Talent »am besten als ein Bündel persönlicher Merkmale vor, die die Aneignung von Expertenwissen beschleunigen«. Dickens musste Schriftsteller und Prince musste Musiker werden, unbedingt. Das »Bündel persönlicher Merkmale« – Dickens' Beobachtungs- und Nachahmungsgabe, Prince' Heißhunger auf Musik und sein Geschick im Umgang mit jedwedem Instrument, das er in die Finger bekam – waren schon in frühen Jahren vorhanden und konnten nur zu diesen Ergebnissen führen. Doch das Talent, das sie besaßen, wurde eindeutig von ihren einzigartigen Erfahrungen in jenen prägenden Jahren geformt, und mehr oder weniger in dem Augenblick, in dem sie dem Teenageralter entwuchsen, entflammten sie beide und steckten die Welt in Brand.

ZWISCHEN ZWANZIG UND DREISSIG

Sie gammelten nicht herum.

Bis zu seinem dreißigsten Geburtstag hatte Prince »I Feel for You«, »1999«, »Little Red Corvette«, »Let's Go Crazy«, »Purple Rain«, »When Doves Cry«, »Raspberry Beret«, »Pop Life«, »Girls and Boys«, »Kiss«, »Sign o' the Times« und »Alphabet Street« geschrieben. Zwischen seinem vierundzwanzigsten und neunundzwanzigsten Geburtstag veröffentlichte er fünf Alben in Folge (*1999, Purple Rain, Around the World in a Day, Parade* und *Sign o' the Times*), die es mit jedem kreativen Höhenflug in der Geschichte der populären Musik aufnehmen kann.

Man muss hier vorsichtig sein. Ja, er war sehr jung, als er anfing, aber das waren alle anderen auch. Popmusik, selbst große Popmusik, wird von jungen Menschen gemacht, und die beste Arbeit entsteht immer im früheren Teil der Karriere. Viele haben noch lange nach ihrem ersten großen Auftritt starke Alben gemacht – in jedem Fall Dylan und einige andere auch. Aber die Sachen, die wirklich die Zeiten überdauern – *Sgt. Pepper*, *Astral Weeks*, *Exile on Main St.*, *Blue*, *Blonde on Blonde*, *Off the Wall*, *It Takes a Nation of Millions to Hold Us Back*, *Spirit in the Dark*, *Nevermind*, *Tapestry*, *Pet Sounds* und der ganze Rest – wurden von Menschen zwischen zwanzig und dreißig gemacht. War an Prince also irgendetwas anders? Vielleicht.

Zuerst einmal legte er seine Serie von fünf großartigen Alben in sechs Jahren zu einer Zeit vor, in der Künstler die Sache nicht mehr so angehen mussten wie ihre Vorgänger. Die Marktanforderungen waren andere. Die Beatles veröffentlichten ihre dreizehn Alben in den sieben Jahren zwischen 1963 und 1970, weil das vonseiten einer Plattenfirma, zumal Anfang bis Mitte der Sechzigerjahre, erwartet und benötigt wurde. Im Gegensatz dazu brachte Prince' offenkundigster Rivale Michael Jackson in den 1980ern nur zwei Platten heraus, *Thriller* und *Bad,* während Prince im selben Zeitraum neun produzierte. Und ja, *Thriller* war die erfolgreichere Platte, aber nach dem Erfolg des Albums und des Films *Purple Rain* hatte Prince das Geld kaum nötig. Im Jahr 2014 schrieb der Komponist, Songwriter, Arrangeur und Sessionmusiker Van Dyke Parks zusammen mit Ringo Starr ein Lied mit dem Titel »Bamboula«; er schätzte, wenn es auf Spotify 100 000 Mal abgespielt würde, beliefen sich seine Einnahmen auf 32 Dollar. »Vor vierzig Jahren hätte mir ein gemeinsamer Song mit Ringo Starr ein Haus und einen Pool eingebracht.« Man stelle sich vor, wie viele Häuser und Pools Prince sein größtes Album mit den fünf Hit-Singles eingebracht haben musste. Prince hatte es nicht nötig, so viele Platten zu machen.

Und zweitens war er auf sich allein gestellt. Er hatte keinen John oder Keith, mit dem er Songs hätte schreiben können. (Bei ein paar Songs vom ersten Album wird jemand als Co-Autor geführt, aber zu ihm kommen wir später noch.) Er kannte andere Musiker, und zum Zeitpunkt des Erscheinens von *Purple Rain* hatten Wendy Melvoin und Lisa Coleman bereits wichtige Beiträge zu einigen seiner besten Stücke zu leisten begonnen. Aber bei diesem ersten Album, das er, wir erinnern uns, im Alter von zwanzig Jahren einspielte, gab es nicht einmal jemanden, der ein Becken geschlagen hätte.

Und ja, auf Dylans ersten Soloalben waren nur er selbst, eine Akustikgitarre und eine Mundharmonika zu hören, aber sie waren musikalisch nicht ambitioniert. Diese Lieder entfalteten ihre Wirkung aufgrund ihres Inhalts und der Art und Weise, wie Dylan seine Botschaft herüberbrachte. Prince war da anders gestrickt.

Zwei der Songs auf Dylans erstem Album stammten aus seiner Feder. Die übrigen waren traditionelle Lieder oder Coverversionen. Die Beatles hatten nur etwas

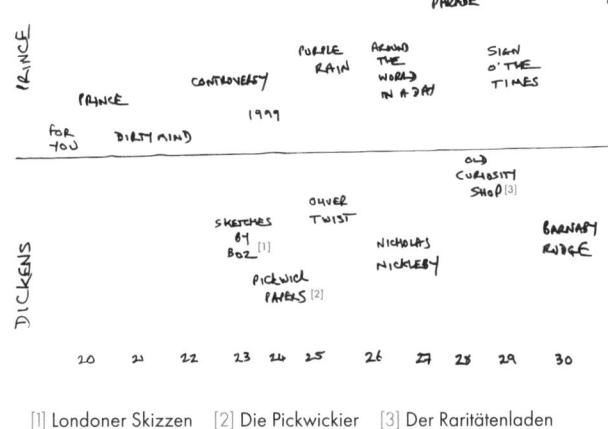

[1] Londoner Skizzen [2] Die Pickwickier [3] Der Raritätenladen

mehr als die Hälfte der Stücke auf ihrer ersten Platte selbst geschrieben, die Stones auf ihrer drei von zwölf. Sie konnten die Zeit im Studio nutzen und lernen, ihr Liveprogramm, die Lieder, die sie schon seit einer Weile spielten, auf Band aufzunehmen. In der Zwischenzeit lernten sie das Songschreiben. Prince coverte auf der Bühne ständig Stücke, vor allem später, aber auf seinen regulären Alben findet sich das erste Cover 1996, achtzehn Jahre nach Beginn seiner Karriere, auf Album Nummer siebzehn. Und andere Musiker erscheinen erst beim dritten Album in den Credits, auf dem Lisa Coleman Backgroundgesang zu »Head« beisteuerte und Dr. Fink auf zwei Stücken Synthesizer spielte. Vierundzwanzig der ersten sechsundzwanzig Stücke entstanden ohne Mitwirkung irgendwelcher anderer Musiker, obwohl alle

Stücke de facto für eine vollständige Band geschrieben und auch von einer eingespielt wurden.

Warum war er schon in so jungen Jahren so versiert im Studio? Es hat den Anschein, als wären die technischen Fähigkeiten eines jungen schwarzen Mannes erstaunlicherweise auch das Verdienst der Engländer. Prince' Band Grand Central, die nun Champagne oder leider eher Shampayne hieß, steckte einen Teil des bei Gigs in der ganzen Stadt eingespielten Geldes in die Miete billiger Studios; das billigste hieß Moon Sound und wurde von einem Engländer namens Chris Moon geführt. Moon, selbst ein frustrierter Songschreiber, war von Prince' Hingabe, seiner Disziplin und seinem Können beeindruckt, und er machte ihm ein Angebot. Wenn Prince Moons Songtexte vertonte, würde Moon ihm für seine eigenen Projekte das Studio kostenlos zur Verfügung stellen. Prince sollte sogar einen Schlüssel zu Moon Sounds bekommen. Die übrigen Mitglieder von Shampayne irritierte das Gerangel um Prince' Talent und seine Zeit, und sie stellten ihm ein Ultimatum: die Band oder Moon.

Das ist ein bedeutender Augenblick. Eine solche Wahl wäre sicher nicht vielen von uns leichtgefallen. Nicht nur, dass wir womöglich eine gewisse Loyalität den anderen Bandmitgliedern gegenüber verspürt hätten und es ein unwiderstehliches Vergnügen ist, jung zu sein und zusammen mit Freunden in einer Band zu spielen. Wir hätten auch restlos davon überzeugt sein müssen, die Gelegenheit nutzen zu können, um mehr oder weniger allein etwas auf die Beine zu stellen, was zu großen Teilen auf Wiederholung, Fehlern und Knöpfchendrehen beruht. In Champagne oder Shampayne waren einige talentierte Musiker versammelt. Am Schlagzeug saß Morris Day, der später Mitglied bei The Time war und eine der Hauptrollen im Film *Purple Rain* spielte. Andre Anderson, später bekannt als André Cymone, ist noch immer als Musiker tätig. Sie waren mit Sicherheit keine Nichtskönner. Aber Prince entschied sich für den Weg als Solokünstler, und Champagne oder Shampayne machte ohne ihn weiter. Ich kann aufrichtig behaupten, dass ich heute noch mit Champagne oder Shampayne auf Hochzeiten und Bar Mitzwas spielen würde, wenn sie mich ließen. Es ist kein Zufall, dass ich mein erstes Buch erst mit fünfunddreißig veröffentlichte.

Prince (Zweiter von rechts) mit der Band Grand Central, 1974.

Von diesem Zeitpunkt an verbrachte Prince offenbar jede freie Minute im Studio. Anfangs fielen diese Minuten in die Zeit nach Schulschluss und die Wochenenden, und nach dem Highschool-Abschluss bestand dann sein ganzes Leben daraus. Zwei der Lieder, darunter seine erste Single »Soft and Wet«, wurden von Chris Moon mitverfasst, einem Mann, der sich selbst – man kann es ihm nicht verdenken – eine entscheidende Rolle in der Geschichte von Prince' Anfängen zuschreibt. Moon zufolge brachte er Prince das Singen bei, lehrte ihn, ein Studio zu benutzen und Stücke zu schreiben und zu strukturieren. Moon entschied sogar über seinen Künstlernamen, eine nicht ganz leicht zu glaubende Behauptung angesichts der Tatsache, dass Prince unter seinem echten Namen auftrat. Moon sagte der Zeitschrift *Billboard,* Prince habe fest darauf bestanden, sich als Künstler Mr. Nelson zu nennen. »Ich sagte: ›Du hast das Glück, ein Prince zu sein! Das ist der perfekte Name für einen Künstler. Besser geht's nicht, und mehr als das eine Wort braucht es gar nicht.‹ […] Und er guckt mich an und sagt: ›Den Namen werde ich niemals verwenden. Ich hasse diesen Namen, weil sie mich in der Schule immer gehänselt und ‚Princess' genannt haben und so weiter […] Ich will als Mr. Nelson bekannt werden, und da gibt es nichts zu diskutieren.‹ Also sagte ich: ›Schau mal, das erste Problem ist, dass es da draußen schon einen Mr. Nelson gibt. Er heißt Willie. Und außerdem glaube ich, Prince ist einfach der stärkere Name.‹« Wer auch immer für Prince' frühen Erfolg verantwortlich ist – und Moons Behauptungen zum Trotz bin ich der Meinung, der Hauptteil der Anerkennung sollte doch eher Prince zustehen –, der schwindelerregende Sprung von Andre Andersons Keller auf die große Weltbühne wurde während dieser Periode eindeutig kleiner. »Es gibt Zeiten«, sagte Moon, »da denke ich, hätte ich ihn nicht entdeckt – und sagen wir, er wäre nie erfolgreich geworden –, dann hätte er vielleicht irgendein durchschnittliches Mädel geheiratet und in einem durchschnittlichen Haus gelebt und ein paar durchschnittliche Kinder bekommen.« Bei allem Respekt, das glaube ich nicht, Chris. Prince musste Prince werden. Eigentlich war er es sogar schon.

Und wie wird man mit Mitte zwanzig vom Arbeiter in einer Schuhpoliturfabrik zum gefeierten Schriftsteller? Dickens ging mit fünfzehn von der Schule ab – erneute Geldprobleme zu Hause – und arbeitete als Schreibkraft in einer Kanzlei im Gray's Inn, einer der Londoner Anwaltskammern. Er hangelte sich von einer Anstellung zur nächsten, brachte sich selbst das Stenografieren bei, berichtete als Reporter aus dem Doctors' Commons, der geistlichen Juristenvereinigung unweit der St Paul's Cathedral – keine glamouröse oder gut bezahlte Arbeit, aber ein Schritt in Richtung professionellen Schreibens. Er berichtete über Scheidungen und Testamente, und man kann die Arbeit förmlich in den Kopf des Schriftstellers hineinfließen sehen: Anwälte, Gerichtsprozesse, komplizierte und mysteriöse Erbsachen, gluck, gluck, gluck. Es war Liebe, und um sich stärker zu qualifizieren, drängte er einen Onkel, ihm Arbeit als Parlamentsreporter zu verschaffen (gluck). Irgendwann begann er unter dem Künstlernamen Boz für eine Zeitung Skizzen aus dem Londoner Leben zu schreiben, und diese Skizzen wurden mit der Zeit fiktional, und sie trugen ihm Aufmerksamkeit ein. Als sie in Buchform erschienen, noch immer unter dem Namen Boz, wurden sie gut aufgenommen und verkauften sich ordentlich. Ein anderer bewundernder Verleger machte ihm das Angebot, kleine Skizzen zu einer Reihe von Zeichnungen zu verfassen; dieses Buch wurde zu *The Posthumous Papers of the Pickwick Club,* ebenfalls von »Boz«.

Die Pickwickier – die, wie es bei Dickens zur Gewohnheit werden sollte, in monatlichen Fortsetzungen erschienen – taten sich zu Anfang schwer. Das erste Heft verkaufte sich vierhundertmal. Doch dann führte Dickens eine neue, komische Figur ein, Sam Weller, einen Urlondoner, der prompt die Herrschaft über das Buch übernahm, und mit einem Mal gingen sowohl der Fortsetzungsroman als auch Dickens durch die Decke. *Die Pickwickier* verkauften sich schließlich vierzigtausendmal im Monat und machten Dickens für den Rest seines Lebens berühmt. »Jede Ausgabe kostete einen Schilling, und sie wurden herumgereicht, und man sah Schlächterburschen auf der Straße darin lesen«, schreibt Claire Tomalin in ihrer grandiosen Biografie. »Richter und Politiker, die mittleren Schichten und die Reichen kauften sie, lasen sie und spendeten Beifall; und die gewöhnlichen Leute merkten, dass er auf ihrer Seite war, und sie liebten ihn dafür.« Die günstige Art der Verbreitung brachte neue Leser mit sich. Die Verlagsbranche steckte in der Krise, als Dickens zu veröffentlichen begann. Wie John Sutherland in *Victorian Fiction* zeigt, hatte die angespannte Finanzlage zu Beginn der 1830er-Jahre den englischen Buchhandel »ausgehöhlt«. Das Kaufen von Büchern war schwieriger geworden. Das war die Welt, in der *Die Pickwickier* erschienen. »In Form von Nummern« – also einzelnen Folgen – »ließ sich der Roman ähnlich wie die Zeitungen unabhängig vom Buchhandel verkaufen, und das in einer Zeit, in der die Zeitung zum nationalen Medium aufstieg.« Doch nur Thackeray hatte mit *Jahrmarkt der Eitelkeit* eine Art Hit in dem Format erzielt, und selbst seine Verkaufszahlen – knapp fünftausend Exemplare pro Ausgabe – wurden von den fünfunddreißigtausend, die Dickens von *Bleak House* verkaufte, in den Schatten gestellt. Wir neigen heute zu der Annahme, im Viktorianischen Zeitalter sei sämtliche Literatur in Form von Fortsetzungsromanen vertrieben worden, aber Dickens war der Einzige, der damit dauerhaft Erfolg hatte, und er blieb dem Format bis zu seinem Tod treu.

Die Pickwickier fanden Nachahmer – mehrere Autoren strickten die Abenteuer weiter –, und Sam Weller ging mit seiner eigenen Auskopplung *Sam Weller's Pickwick Jest-Book* sozusagen viral. Die Titelseite verheißt »SÄMTLICHE LUSTIGE SPRÜCHE VON SAM UND SEINEN GEFÄHRTEN UND NICHT WENIGER ALS 1000 Witze, Wortspiele, Sinnsprüche, Gedankenspiele etc.« Noch bevor Dickens Weihnachten erfand, erfand er eindeutig, wenngleich unbeabsichtigt, auch den Sack voller Geschenke. Es ist amüsant, die Versuche der Verlage zu betrachten, die Magie der *Pickwickier* zu wiederholen, und noch lustiger wird es dadurch, dass sie in den vergangenen über einhundertachtzig Jahren anscheinend nicht viel dazugelernt haben. Wie viele neue *Bridget Jones* hat es gegeben? Wievielmal *Zähne zeigen* und wie viele *Gone Girls*? Wann immer irgendetwas groß herauskommt, gibt es zahllose Versuche, das Erfolgsrezept zu kopieren, obwohl die Frische und Originalität des Originals für den Erfolg verantwortlich waren. Nach den *Pickwick Papers* und *Nicholas Nickleby* schlussfolgerten die Viktorianischen Verlage wie besonders begriffsstutzige Detektive, das Geheimnis des Erfolgs müsse in der Alliteration liegen. Und aufgepasst, hier kommen *Valentine Vox the Ventriloquist; Will's Whim, Consisting of Characteristic Curiosities; Charley Cox* und *David Dreamy*. Als das nicht aufging, stürzten sie sich auf Dickens' Illustrator Phiz, der laut John Sutherland »mit mehr Aufträgen überschüttet wurde, als er guten Gewissens hätte ausführen können«. Es gab kein Geheimnis. Es gab kein Mysterium. *Die Pickwickier* waren erfolgreich, weil sie von einem außergewöhnlichen Talent verfasst worden waren. Dickens war vierundzwanzig Jahre alt.

  Prince' näherte sich diesem Maß an Erfolg etwas langsamer, aber dafür hatte er früher angefangen. Dickens schaffte es in hundert Metern, zack, wie Usain Bolt. Prince brauchte eine größere Distanz, auch wenn Dickens und er mehr oder weniger im gleichen Alter am gleichen Ort landeten, und wer mit achtzehn Jahren (wobei er vielleicht ein Jahr unterschlug, um seinen Wunderkindstatus zu untermauern) einen Vertrag über drei Alben mit Warner in der Tasche hat, der ist nicht gerade kläglich gescheitert. Er war der jüngste Künstler überhaupt, der so massiv gefördert wurde. In Minneapolis besorgte er sich einen Manager, und der Manager besorgte ihm einen Plattenvertrag. Der Vertrag kam mit Warner zustande, weil das die einzige Firma war, die ihm sowohl die gewünschte Laufzeit als auch eine Rolle als Produzent zugestand. Für jemanden, der noch nicht aus dem Teenageralter heraus war, hatte er recht klare Vorstellungen. Als das Album erschien, tappte es in genau die Fallen, die seine Feinde womöglich aufgestellt hätten, wenn sie ihm wirklich hätten schaden wollen. Es ist auf eine unsichere Weise virtuos, geradezu übermusikalisch, pedantisch und klaustrophobisch, mit viel zu vielen sich überlagernden Gesangsspuren, und es befand sich kein Hit darauf – womit ich meine, es gab kein Stück, das die anderen so überragte, dass man es einfach immer wieder hören wollte. Womit ich meine, dass keines der Stücke besonders toll war. In gewisser Weise waren Prince seine Jugend und Frühreife zum Verhängnis geworden. »Prince war größtenteils gelangweilt von Stücken wie ›Just as Long as We're Together‹, was ihnen letztlich jede Frische nahm«, schreiben Alex Hahn und Laura Tiebert in ihrem Buch *The Rise of Prince*. Das erste Beatles-Album *Please Please Me* ist berühmt dafür, in zwölfstündigen Sessions aufgenommen worden zu sein, und konnte gar nicht anders, als frisch klingen. Prince arbeitete anders, zumindest in diesem Stadium seiner Karriere. Für ihn hatte es den Anschein, als würde jeder Gesichtspunkt seines Talents und seines Ehrgeizes bewertet, und er wollte sie alle gleichzeitig zur Schau stellen, und es waren schlicht zu viele.

Mit vierundzwanzig, fünfundzwanzig hatte Prince bereits vier Alben veröffentlicht. Das dritte Album *Dirty Mind* hatte viele gute Besprechungen erhalten – in der *Village Voice* gab ihm Robert Christgau die Höchstwertung und schrieb: »Mick Jagger sollte den Penis einfahren und nach Hause gehen.« (Er spielte damit übrigens auf die Sinnlichkeit der Platte an – es war nicht bloß ein allgemeiner Rat an Mick Jagger.) Das Problem an einer Platte mit dem Titel *Dirty Mind* – und die Songs waren ein unmittelbarer Ausdruck dieses schmutzigen Verstands – ist, dass man nicht oft im Radio läuft, und es waren wiederum keine Hits darauf. Das vierte Album *Controversy* hatte ein paar großartige Stücke, aber die Texte waren für die Massenmedien noch immer problematisch. »Do Me, Baby« ist eine von Prince' schönsten Balladen, wird aber durch den Klang eines lang gezogenen Orgasmus um einige Minuten gestreckt. Wenigstens war dieser Orgasmus fingiert. Später würde Prince einen echten seiner Gelegenheitsfreundin Jill Jones verwenden (die Aufnahme stellte wohl eine weitere Gelegenheit dar). Auf »Private Joy« reimt er *»pretty toy«*, was heute schon ausreichen würde, um gecancelt zu werden, und damals ein leicht mulmiges Gefühl auslöste. Er nennt seine Geliebte ein »Orgasmatron«, was in Woody Allens *Der Schläfer* lustig war und hier leider immer noch. *Controversy* wird von einem roboterhaften, aber funky Beat getrieben und verfügt über einen großartigen, eingängigen Refrain, doch der Sprechgesang gegen Ende koppelt »rude« und »nude«, ein Reim, der sämtlichen Eltern achtjähriger Kinder bekannt sein dürfte.

Hätten Dickens und Prince sich einmal über ihre Erfahrungen zu Anfang ihrer Karriere, vor dem Durchbruch, unterhalten, vermute ich, dass Dickens dankbar für die Jahre gewesen wäre, die er unerkannt durch die Straßen, Parlamentsbüros und Gerichtshöfe Londons zog. Diese Jahre verschafften ihm Material, ohne dass die Gefahr einer öffentlichen Demütigung bestanden hätte. Prince musste einen Auftritt im Vorprogramm der Rolling Stones abbrechen, weil ihn die rassistischen und homophoben »Disco Sucks«-Vertreter im Publikum ausbuhten und mit Gegenständen bewarfen; Mitarbeiter der Plattenfirma sahen sich einen Showcase-Gig an und entschieden, dass er noch nicht bereit für eine landesweite Tournee sei. Bei seinem ersten Fernsehauftritt im Rahmen der spätabendlichen Sendung *The Midnight Special* wurde er von Ray Sawyer und Dennis Locorriere aus der Band Dr. Hook angekündigt – keine gute Paarung, was durch das Bühnenoutfit des jungen Mannes noch zusätzlich unterstrichen wurde, das aus einem knappen Lendenschurz in Zebraoptik, schenkelhohen Schaftstiefeln und einer Art Goldlamé-Schal über der nackten Brust bestand. Hätte Dickens als Teenager einen einträglichen

Drei-Buch-Deal erhalten, ehe er ein Wort Literatur verfasst hatte, dann hätte er den Druck und die Verzweiflung vielleicht auch gespürt.

Und dann, im Jahr 1982, Prince' lange prophezeiter und vielleicht überfälliger Durchbruch, das stellenweise brillante, stellenweise chaotische Doppelalbum *1999*. Zwei Top-Ten-Singles, eine Top-Twenty-Single, eine Grammy-Nominierung und schließlich Vierfach-Platin. Er war vierundzwanzig Jahre alt.

Was dabei zu beachten ist: MTV strahlte ab 1981 aus, sodass die Videos zu »Little Red Corvette« und dem Titelstück des Albums häufig gespielt wurden. Prince litt unter lähmender Schüchternheit. Nach dem Auftritt bei *The Midnight Special* war er bei *American Bandstand* zu Gast, und es fand ein quälendes, einsilbiges Interview mit Dick Clark statt, dem altgedienten Gastgeber der Sendung. Im Laufe seiner Karriere gab es auch noch viele weitere Interviews dieser Art, Interviews, in denen er sich weigerte, auf die Fragen einzugehen, oder alberne Antworten gab. Bob Merlis, der ehemalige Publicity-Chef von Warner, erinnert sich, dass Prince schon zu einem frühen Zeitpunkt eine Journalistin fragte, ob ihre Schamhaare bis zum Bauchnabel wüchsen. Als Prince-Fan fühlte ich mich manchmal in die Schulzeit zurückversetzt, wenn ich mir alle Mühe gab, einen ausdrucksschwachen und möglicherweise schlecht riechenden Gitarrenhelden in Schutz zu nehmen, der vor meiner zutiefst verächtlichen Mutter im Fernsehen posierte und herumhüpfte.

Die meisten Viktorianischen Romane erschienen in einer Auflage von fünfhundert, manchmal siebenhundertfünfzig Exemplaren. Jane Austens *Emma,* einundzwanzig Jahre vor den *Pickwickiern* veröffentlicht, war ein beachtlicher Erfolg und verkaufte sich zweitausendmal, aber das Lesepublikum für Romane war klein – man war noch weit entfernt von den vierzigtausend Exemplaren pro Ausgabe, die Dickens erzielen sollte. Im Format des Fortsetzungsromans hatte er eine Möglichkeit zum Kontakt mit der Leserschaft gefunden, durch die sich einige konventionellere Wege zum schriftstellerischen Erfolg umgehen ließen. Mittels MTV konnte Prince direkt in die Wohnzimmer und – als Familien im Laufe der 1980er-Jahre immer mehr Konsumgüter erwarben – Schlafzimmer seines angestammten Publikums gebeamt werden.

An dieser Stelle ist es vielleicht nützlich, die erstmals in einem schwedischen Forschungsaufsatz von 1993 mit dem Titel »The role of deliberate practice in the acquisition of expert performance« vorgestellte und von Malcolm Gladwell in dessen Buch *Überflieger* einer breiteren Öffentlichkeit zugänglich gemachte Theorie zu erwähnen, der zufolge sich wahre Meisterschaft erst nach Tausenden von Übungsstunden einstellt. Seit der Veröffentlichung von Gladwells Buch hat dieses Konzept einigen Widerspruch erfahren. Eine Studie, die den Versuch von 1993 nachzustellen versuchte, kam zu dem Ergebnis, dass noch andere Faktoren als Übung dafür verantwortlich waren, einen Musiker oder Sportler auf Höchstniveau zu heben. Wie viel »übte« Prince bis zu seinem Durchbruch? Er verbrachte einen großen Teil seines Lebens damit, sich Dinge anzueignen – spielte in Bands, schrieb Songs, klimperte auf dem Klavier seines Vaters herum. Und er hatte die unbezahlbare Gelegenheit gehabt, im Studio von Chris Moon zu lernen. Ich weiß nicht, ob das als diszipliniertes Training im Sinne von *Überflieger* zählt, aber ich glaube nicht, dass sich Prince' Talent oder sein Erfolg auf diese Weise erklären lassen. Und was Dickens angeht: Vergessen Sie's. Vor den *Pickwickiern* hatte er nach gladwellschen Maßstäben gerade einmal fünf Minuten geschrieben. Er war zugegebenermaßen noch nicht auf der Höhe seines Könnens – bis zu *David Copperfield* waren es noch dreizehn Jahre. Aber sein erster Roman wird weiter aufgelegt und heute wie damals geliebt. Er war mehr oder weniger von Anfang an großartig und erfolgreich. Seine Texte waren nicht kreativ, bis er die Skizzen zu schreiben begann, aus denen sein erstes Buch entstand. Ich weiß noch, wie ich während der Arbeit an meinem ersten Buch zwei Tage lang für die Weihnachtsseiten einer Zeitschrift, die niemand las, Hörbücher rezensierte, die ich, unter uns gesagt, nicht gehört hatte, und ich kann mit absoluter Bestimmtheit sagen, dass mir nicht eine Sekunde dieser Erfahrung nützlich war, auch wenn sie wahrscheinlich den verzweifelten Drang verstärkte, mein Buch *Fever Pitch* so gut wie irgend möglich zu machen. Vielleicht steigerte Dickens seinen Hunger in den Doctors' Commons, den Kanzleien, in denen er den ersten Teil seiner Laufbahn verlebte, und wie wir gesehen haben, versorgten ihn seine frühen Berufserfahrungen sicherlich mit Material – aber andererseits erfüllen die schlichten Tätigkeiten des Lebens und Beobachtens die gleiche Funktion.

In *The Beautiful Ones*, Prince' unvollendeter Autobiografie, gibt es einen schönen Augenblick, als er den Tag beschreibt, an dem sein Vater ihn mit ins Kino nahm, um sich den Film über das Woodstock-Festival anzusehen.

> *[…] da lächelte mein Vater & sagte: ›O. K. Wir gehen Sonntagnachmittag nach der Kirche hin.‹ Natürlich war das der längste Gottesdienst, den ich je absitzen musste. Ein Gottesdienst [in] der schwarzen Kirche ist ohnehin schon lang, aber die Vorstellung, den Abend mit Santana, Jimi Hendrix & Sly & the Family Stone zu verbringen, war fast zu viel für mich. […] Die Verbundenheit, die wir an dem Abend zementierten, sagte mir, dass ich, wenn es um meine Leidenschaft ging, immer jemanden in meiner Ecke hätte. An dem Abend begriff mein Vater, was mir Musik wirklich bedeutete.*

Das scheint stattgefunden zu haben, als der Film gerade ins Kino kam, was hieße, dass Prince ungefähr zwölf war – schrecklich jung für dieses Maß an Leidenschaft und gespannter Erwartung. An einer anderen Stelle des Buches schreibt er darüber, wie wichtig einer seiner ersten Jobs als Babysitter bei einer lokalen DJ-Größe namens Jerry »Motormouth« Mac für ihn war.

Ich verbrachte unzählige Stunden in Jerrys Keller & sah mir die ganzen Hochglanzbilder der größten RnB-Stars an [...]. Jerry stellte mich Dee vor, dem Besitzer des lokalen Plattenladens. [...] Nie fuhren wir an Dees Record Shop vorbei, ohne reinzuschauen. [...] Jeder Song, der mich reizte, wurde 1. gekauft und dann transkribiert.[2] Nur der Text, weil ich Notenlesen nie gelernt habe. Einen Text abschreiben hilft dabei, eine Zeile aufzudröseln, damit man sieht, woraus sie gemacht ist.

Welcher Jugendliche macht so etwas? Nur sehr wenige. Questlove, Schlagzeuger von The Roots, Autor, Regisseur und wandelndes Musiklexikon, der persönlich zu einem großen Teil der überragendsten schwarzen Musik des zwanzigsten Jahrhunderts beigetragen hat, berichtet in einem Essay davon, wie schwierig es war, als Mitglied einer Familie strenggläubiger Christen das schlüpfrige *1999* zu kaufen und zu behalten:

Meine Mutter fand die Platte und schmiss sie weg. Es wurde Winter. Ich schaufelte Schnee, bis ich genug Geld zusammenhatte, um sie nachzukaufen. Die zweite landete auch im Müll. Ein drittes Exemplar verschwand spurlos, und ein viertes zerbrach mein Vater über seinem Knie. Dieser vierte Verstoß wurde außerdem mit einer einmonati-

---

2 Prince hatte auch als Jugendlicher einen breit gefächerten Geschmack. Er war Fan von Led Zeppelin. Er war sogar Fan von Grand Funk Railroad.

gen Strafe geahndet. Bald darauf wurde ich klüger, das heißt hinterlistiger. Ich ließ mir Prince' Alben von einem Freund auf Kassette aufnehmen. Zu Hause lockerte ich die Schlagfelle meines Drumsets und versteckte die verbotene Ware dort. Ich hörte sie beim Üben und spielte auf dem Schlagzeug etwas völlig anderes, damit meine Eltern nicht merkten, was ich eigentlich hörte.

Welcher Jugendlicher liebt einen Musiker so sehr? Man kann einen widerwilligen jungen Menschen, der regelmäßig Tränen in den Augen hat, einmal in der Woche auf einer Geige herumkratzen oder auf Klaviertasten einhämmern lassen, aber man kann ihn nicht zwingen, die Musik so zu lieben, wie man sie für eine anschließende Musikerlaufbahn lieben muss. Diejenigen, die für Aufnahmestudios und Konzertsäle bestimmt sind, mendeln sich von selbst heraus.

Für Dickens gab es natürlich die Bücher. Er war schließlich Schriftsteller, und als er sich mit achtzehn Jahren endlich um einen Mitgliedsausweis für den Lesesaal des British Museum bewerben durfte, las er alles, was er dort in die Finger kriegte. Aber zu jener Zeit begann er, auch ins Theater zu gehen und dachte ernsthaft darüber nach, Schauspieler zu werden. Aber er ging nicht einfach nur ins Theater, so wie Questlove nicht einfach nur 1999 und Prince nicht einfach nur Platten hörten. Dickens behauptete, drei Jahre lang fast jeden Abend im Theater gewesen zu sein. Ganz besonders hatte es ihm ein Darsteller/Komödiant namens Charles Mathews angetan, und Dickens sah sich seine Vorstellungen »so oft an, wie er konnte, studierte seine gesamten Auftritte ein, Texte, Lieder, Bewegungen und Gesten«, schreibt Claire Tomalin. Welcher Teenager macht so etwas?

Vielleicht kommt es also gar nicht darauf an, Zehntausende von Stunden zu üben, sondern Zehntausende von Stunden zu konsumieren. Prince und Dickens (und Questlove, dessen Talent und Errungenschaften verblüffen) mochten diese ganzen Dinge, die Theaterstücke, Singles und Alben nicht einfach nur. Sie saugten sie auf – sezierten sie, studierten sie, kopierten sie Wort für Wort und Note für Note. Ich habe mehr Ähnlichkeit mit Dickens als mit Prince, wobei das natürlich ein wenig so ist, als sagte ich, ich stünde dem Mars näher als dem Saturn. Aber ich nehme an, dass mein Maß an Leidenschaft für Bücher, Musik, Fernsehen und Filme nie »normal« gewesen ist. In jedem Fall war es so groß, dass ich nie einen richtigen Job wollte; ich wollte dem Ort, an dem Menschen diese Dinge schufen, möglichst nah kommen.

So sieht es also aus. Zehntausend Stunden Konsum stellen die Mindestanforderung für den Zutritt zum Club der Genies dar. Aber wie viele von uns feststellen mussten, reichen zehntausend Stunden allein, ohne das Genie, nicht aus. Und was hat uns überhaupt so hungrig gemacht? Wodurch ist der Appetit so beißend, so unersättlich geworden, wenn so viele andere schlicht Freude daran haben, gelegentlich etwas Musik zu hören oder abends ein wenig fernzusehen? In John Careys brillantem Buch *What Good Are the Arts?* macht er sämtliche Lektionen und Regeln, die zur Kultur und ihrer Bedeutung aufgestellt wurden, eine nach der anderen zunichte – all die Versuche, mittels Wissenschaft, Logik oder Philosophie zu »beweisen«, dass große Kunst *dies* mit dir anstellt oder besser als nicht große Kunst ist, weil sie über *jenes* verfügt. Dem äußeren Anschein nach kluge Menschen – Hume, Kant, Schopenhauer, Edmund Wilson – machen die größten Verrenkungen, um zu erklären, warum beispielsweise Verdis *Rigoletto* besser ist als Prince' »Sexy MF« (und ja, danke, ich weiß, dass keiner von ihnen »Sexy MF« je gehört hat). Carey bezieht sich auf ein Buch mit dem Titel *Psychologie der Kunst,* »eine Mammutstudie […], die die Ergebnisse von über einhundertjährigen Forschungen aus experimenteller Ästhetik, Soziologie, Anthropologie und Psychologie bündelt. Das Literaturverzeichnis zählt 1500 Einträge.«

Die Autoren Hans und Shulamith Kreitler kommen zu dem eher trivialen Ergebnis, dass uns gefällt, was uns gefällt. »In Bezug auf die Frage, warum unterschiedliche Menschen unterschiedlich auf ein und dasselbe Werk reagieren, stimmen die Kreitlers tatsächlich mit Virginia Woolf überein, dass man es nicht wissen kann, beziehungsweise dass man über nahezu unbegrenztes Wissen verfügen müsste, um die Frage zu beantworten. Es müsste sich ›über eine nicht meßbare, große Umfangsbreite von Variablen ausdehnen, welche nicht nur die Wahrnehmung betreffende, kognitive, emotionale und andere Persönlichkeitscharakteristiken einschließen würden, sondern auch biografische Daten, bestimmte persönliche Erlebnisse, vergangene Begegnungen mit der Kunst, individuelle Erinnerungen und Assoziationen usw.‹« Ich habe den Verdacht, die Antwort auf die Frage »Warum waren Prince und Dickens so verrückt nach Populärmusik und dem Theater?« würde ähnlich ausfallen. Jeder winzige Schritt ihres Lebens, jede einzelne elterliche Entscheidung, jede Schulstunde, jeder Freund, jeder Onkel, jede Zeitschrift, jeder Ausflug, jede Verliebtheit, jedes Gespräch, jeder Ladenbesitzer hat dazu beigetragen, dass sie so wurden. Ich glaube, näher werden wir der Antwort nicht kommen.

DIE FILME

Im Jahr nach ihren ersten großen Erfolgen waren Prince und Dickens beide fünfundzwanzig, wie Sie wahrscheinlich bereits ausgerechnet haben. Ein Jahr nach *Die Pickwickier* lasen die Leute *Oliver Twist*. Ein Jahr nach 1999 brachte Prince *Purple Rain* heraus. Zum Zeitpunkt der Niederschrift ist das Album achtunddreißig Jahre alt und das Buch hundertfünfundachtzig – was in Albumjahren, die wie Hundejahre zählen, durch einen bizarren Zufall genau achtunddreißig sind. Auch wenn sich diese letzte Tatsache als Unsinn erweist, sind es zwei Kunstwerke, die bis heute überdauert haben. Man kann die Worte »*Dearly beloved*«, ganz gleich in welchem Zusammenhang, nicht hören, ohne dabei an die Worte »*We are gathered here today to get through this thing called life*« zu denken.

Wer je um »etwas mehr« von irgendetwas gebeten hat, hat als Erwiderung schon einmal gespielt ungläubiges Gebrüll geerntet. Sowohl »Purple Rain« und »Oliver Twist« waren bei Erscheinen ein großer Erfolg, aber der Erfolg ließ nicht nach, als die ursprüngliche Begeisterung abebbte. Soweit sich sagen lässt, sind beide zu dauerhaften kulturellen Maßstäben geworden. Prince scheint sich erfolgreich das Urheberrecht an einer ganzen Farbe gesichert zu haben, und es ist auch keine der eher randständigen Schattierungen wie Coquelicot oder Aureolin. Violett gehört zu den großen – zugegebenermaßen keine Primärfarbe, aber sicherlich eine der oberen zehn oder fünfzehn. »Purple Rain« wurde von *Pitchfork* zum besten Song der 1980er und vom *Rolling Stone* zu einem der besten fünfhundert aller Zeiten ernannt. »When Doves Cry« vom selben Album landete weiter oben auf der Liste. Das Album wurde von der Library of Congress ins National Recording Registry, das Verzeichnis für besonders erhaltenswerte Tondokumente, aufgenommen, neben Coltrane, Dylan, Memphis Minnie und dem Rest der besten Musik, die seit der Erfindung der Tonkonserve produziert wurde.

Craig David wurde mit einem Garage-Duo namens Artful Dodger bekannt, und man kann in mehreren Pubs trinken, die den Namen von Dickens' Figur oder den des Titelhelden tragen. In London kann man das außerdem im Betsey Trotwood und im Nicholas Nickleby sowie im Dickens Inn tun. In Bath gibt es ein Sam Weller's und gleich um die Ecke vom ehemaligen Standort des

Marshalsea-Gefängnisses einen Little Dorrit Park. Die Rose Street in London wurde 1895 zu Ehren des Arztes aus *Eine Geschichte aus zwei Städten* in Manette Street umbenannt. Und der in Kent lebende Filmhistoriker Luke McKernan versammelt in seinem wunderbaren Blog sämtliche Geschäfte in Rochester, wo Dickens aufwuchs, die noch auf diese Verbindung hinweisen: »Tiny Tim's Tearooms, Fezziwigs, Mr Tope's, Ebenezer's, Pips of Rochester, Sweet Expectations und das ziemlich geniale A Taste of Two Cities. Früher gab es auch noch das Antiquitätengeschäft Hard Times und – kaum zu glauben – das Havisham Wedding Centre, das aber pleiteging, was wohl nicht sonderlich überraschend ist.«[3]

3 Robert Douglas-Fairhursts Favorit in Rochester ist Little Dorrit Body Piercing. Ich habe den Roman nicht nach einer Verbindung durchforstet, aber ich bin mir sicher, dass irgendwo eine existiert.

Auf Cold War Steves Kunstwerk *More Sir?* von 2020 ist ein hungriges, oliverähnliches Kind zu sehen, das von Boris Johnson abgewiesen wird, während dessen Tory-Spießgesellen grinsend zusehen. Man kann ausgiebig darüber diskutieren, ob *Purple Rain* und *Oliver Twist* gut sind oder nicht. Aber ich glaube, es lässt sich kaum behaupten, dass sie nicht lebendig wären.

Eine Gemeinsamkeit zwischen *Purple Rain* und *Oliver Twist* besteht darin, dass einige eingeschworene Prince-Fans und Dickens-Anhänger nicht verrückt danach sind. Oder besser gesagt, wir erkennen ihre Bedeutsamkeit und ihren Einfluss, ihren gewaltigen Beitrag zu den Geschichten ihrer Schöpfer, ihre Beliebtheit, ihren Erfindungsreichtum, aber sie zählen eher nicht zu unseren Favoriten. »Konzertneulinge«, schreibt Matt Thorne in seinem Buch *Prince: Die Biografie,* »wollten [›Purple Rain‹] immer als Erstes hören, alte Hasen als Letztes (neben ›Cream‹, ›Kiss‹ und ›Let's Go Crazy‹).« Als jemand, der ebenso verblüfft wie begeistert war, Prince »How Much Is That Doggie in the Window?« spielen zu hören, weiß ich genau, was Thorne meint. Wenn Popmusik ein gewisses Maß an Allgegenwart erreicht, hat sie es schwer, sich ihren Pepp, ihre Bedeutsamkeit oder Rätselhaftigkeit zu bewahren. Wir alle wissen, wie wir zu den Beatles stehen. Aber wir hören ihre Lieder ständig, ohne es darauf anzulegen, und ich weiß, dass ich mich nicht oft bewusst entscheide, sie zu hören, wo es doch so viel anderes gibt, was mir noch nicht so oft zu Ohren gekommen ist, und so viel Musik, die ich noch gar nicht gehört habe. Wie oft kann man ein Stück von drei Minuten (oder im Fall von »Purple Rain« acht Minuten) Länge hören? »Purple Rain« ist deutlich jünger als »She Loves You« oder »Baby Love«, aber es ist fast vierzig Jahre alt. Wenigstens hat Prince das Gitarrensolo jedes Mal anders gespielt. *Sign o' the Times,* da sind sich die Kritiker und viele Prince-Fans einig, ist ein besseres Album als *Purple Rain,* nicht zuletzt auch, weil es ein Doppelalbum ist, das Lieder enthält, die man womöglich schon beinahe vergessen hatte.

Aber es geht nicht nur um die Vertrautheit der Musik. »Prince hat den Großteil der Musik auf dem Album *Purple Rain* mit dem Konzept des Films im Hinterkopf gemacht«, erzählte Prince' Tourmanager Alan Leeds dem Autor Duane Tudahl, dessen Buch *Prince and the Purple Rain Era Studio Sessions* das maßgebliche Werk zu Prince' Ausstoß zu dieser Zeit und eines der detailreichsten und erhellendsten Bücher über Kreativität ist, die ich kenne. »Visuell macht eine mit gespreizten Beinen posierende Rockikone mit Gitarre in filmischer Hinsicht deutlich mehr her als ein Typ, der am Keyboard steht. Ich glaube also, allein schon, weil dieser Typ sich als Filmstar betrachtete, der ein Musical macht, ein Rockmusical, suchte er sich Aufhänger für seine Gitarrenmasche, denn das war die Rolle, das ist die Bildsprache.«

Und vielleicht ist es das, was uns daran hindert, es rückhaltlos zu lieben. Müsste man ein Prince-Album aus seinem Gesamtwerk auswählen, würde man sich für das entscheiden, das seiner außergewöhnlichen Begabung den größten Spielraum lässt. Sicherlich erlauben ihm die

Songs auf *Purple Rain,* sich an der Gitarre auszutoben, und ich liebe sein Gitarrenspiel genauso sehr wie jeder andere. (»Hätte Prince ausschließlich Gitarre gespielt«, sagte ein Freund einmal, »wäre er der größte Gitarrist aller Zeiten gewesen. Aber er war Prince.«) Allerdings gibt es auf der Platte keine Stücke, die sich richtig zum Tanzen eignen. Es gibt kein »Housequake« oder »Get on the Boat«, was nur deshalb schade ist, weil ich Prince gern beim Tanzen zusehe, und *Purple Rain* lässt das nur selten zu – die unheilschwangere Atmosphäre verhindert sogar, dass er überhaupt richtig Spaß hat. Es gibt keine große Ballade, kein »Condition of the Heart« oder »Sometimes It Snows in April« oder »Slow Love«. Es gibt nichts Freches und Fröhliches in der Art von »Delirious«. Und wäre es unfair zu sagen, dass einige der Synthesizer und Drumsounds sehr nach den 1980ern klingen – dem Jahrzehnt, über das der musikalische Geschmack hinweggegangen ist? All diese Spitzfindigkeiten können der Platte nichts von ihrer Wirkung nehmen. Ich wünschte, ich könnte »Purple Rain« und »When Doves Cry« noch einmal zum ersten Mal hören.

Neben ihrer kulturellen Beständigkeit und der Jugendlichkeit ihrer Schöpfer gibt es noch eine weitere Gemeinsamkeit zwischen *Oliver Twist* und *Purple Rain:* Beide haben dem Kino viel zu verdanken. Es ist schwer vorstellbar, dass das Album *Purple Rain* ohne den Film die gleiche Wirkung entfaltet hätte. Und ohne Lionel Barts Musical *Oliver!,* das von Carol Reed zu einem rasend erfolgreichen Film gemacht wurde, wäre *Oliver Twist* unter Umständen nicht berühmter und charakteristischer für das Schaffen des Schriftstellers als *Große Erwartungen* oder *David Copperfield*.

Natürlich beeinflussen Filme oft das Leben von Büchern, aber es will einem kaum ein anderes Album einfallen, das auf diese Weise beeinflusst wurde. Und es war auch kein richtiges Soundtrackalbum. Der Film entstand aus der Platte und die Platte aus dem Film. Im Rückblick ist es schwer zu glauben, dass der Film *Purple Rain* überhaupt grünes Licht bekam. Aber nach dem Erfolg von 1999 ließ Prince die Mitglieder seines Managementteams wissen, er werde sie nur weiterbeschäftigen, wenn sie ihm einen großen Film organisierten. »Und zwar mit einem Studio – nicht mit irgendeinem Drogendealer oder Juwelier als Finanzier. Und sein Name müsse über dem Titel stehen«, versuchte der Manager Bob Cavallo die erstaunliche Forderung im Rückblick zusammenzufassen. Ja, Prince war mit 1999 der Durchbruch gelungen, aber Boy George hatte mit Culture Club im selben Jahr drei Hits gehabt, einer davon größer als »Little Red Corvette«, Prince' größter bis zu diesem Zeitpunkt. Und sosehr man es auch versucht, man kann sich, obwohl Boy George unser Konzept von Gender in ähnlicher Weise auf den Kopf gestellt hatte, einfach keinen großen Boy-George-Film vorstellen – vor allem keinen, der weltweit 72 Millionen Dollar einspielte. Über beide Protagonisten dieses Essays lässt sich eines mit Bestimmtheit sagen, nämlich, dass ihr Selbstvertrauen ebenso bemerkenswert war wie ihr Talent. Aber wir sahen uns alle *Purple Rain* an, und dann kauften wir das Album. Oder wir kauften das Album und gingen dann in den Film. In jedem Fall war es ein erstklassiges Zusammenspiel.

Warum schauten wir den Film? Warum bestand ich darauf, noch am Eröffnungstag in die Spätvorstellung zu gehen? Warum schien ich nicht zu bemerken, dass die schauspielerischen Darstellungen und das Drehbuch auf geradezu komische Weise unzulänglich waren? Ich war so alt wie Prince. Ich sah mir die Filme von Scorsese und Altman an, sobald sie ins Kino kamen. Aber dies war weniger ein Film als ein längeres MTV-Konzertvideo mit spektakulären Auftritten, nicht nur von Prince, sondern auch von Morris Day und The Time. So wie meine Freunde und ich als Teenager die endlosen Gespräche in *Der letzte Tango in Paris* über uns ergehen ließen, um zu den schmutzigen Stellen zu kommen, ließen wir auch die überspannte Erotik in *Purple Rain* über uns ergehen, um an die Musik heranzukommen. Und irgendwo hatte irgendwer auf sehr schlaue Art festgelegt, was zu welchem Zeitpunkt veröffentlicht wurde. »When Doves Cry« kam im März heraus und blieb fünf Wochen lang an der Chartspitze. Das Musikvideo lief im Juni auf MTV und das Album erschien im selben Monat. Der Film kam Ende Juli in die Kinos. Bis dahin war Prince, scheinbar durch bloße Willenskraft, schon allgegenwärtig geworden. Der Film erregte sogar die Aufmerksamkeit von Pauline Kael beim *New Yorker,* die ihn mit der vielleicht nerdigsten und unverständlichsten Bemerkung niedermachte, die ich je gelesen habe: »Als Film ist *Purple Rain* eine rührselige fiktionalisierte Lebensgeschichte – es ist, als hätte Lillian Roth (statt Susan Hayward) die Hauptrolle in *Und morgen werd' ich weinen* gespielt oder Barbara Graham (statt Hayward) die Hauptrolle in *Laßt mich leben*.« Hey, Pauline! Es ist 1984! Alle schauen *Ghostbusters* und *Terminator*! Sie hält es auch für notwendig, darauf hinzuweisen, dass ihr Berufsstand bei der Promotion für *Purple Rain* umgangen wurde. »Die lobenden Zitate stammen von Rockkritikern; einer behauptet, es handle sich um den *Citizen Kane* des Rockfilms, für einen anderen ist er gleichbedeutend mit dem Beatles-Film *Yeah Yeah Yeah*.« Mit anderen Worten: die falschen Leute und die falschen Meinungen, aber warum ein Rockkritiker ihrer Meinung nach keinen Rockfilm besprechen und warum man diese Besprechung mit Missachtung strafen sollte, bleibt unklar. Doch es ist ein frühes Anzeichen dafür, wie sehr sich spezialisierte Kritiker in der neuen Multimediawelt an den Rand gedrängt fühlten. »Er ist ziemlich fürchterlich«, schreibt sie weiter. »Der narrative Aufhänger lautet: Wird der versehrte Junge zu lieben lernen? Es gibt keine richtigen Szenen – nur grelle, bruchstückhafte Rockvideo-Momente.« Das stimmt, aber das war ja gerade der Witz daran.

Thomas Hardy, der weniger als dreißig Jahre nach Dickens geboren wurde und ein viktorianischer Romancier war (er war ein Dichter des zwanzigsten Jahrhunderts, aber all seine Romane erschienen vor Viktorias

Tod), fuhr auf eigene Faust nach Marble Arch, um sich eine Verfilmung von *Tess von den d'Urbervilles* anzusehen, ein Stück unnützes Wissen aus der Literaturwelt, das mich immer wieder aufs Neue erstaunt. Dickens verfehlte das Filmzeitalter, aber nur recht knapp. Wäre er fünfundachtzig geworden, hätte er *Death of Nancy Sykes* sehen können, eine kurze Stummfilmadaption einer Szene aus *Oliver Twist*. Und es ist bekannt, dass Dickens einen enormen Einfluss auf die frühen Filmemacher hatte: Kein Geringerer als Eisenstein verfasste einen Essay mit dem Titel »Dickens, Griffith und wir«, in dem er darauf hinweist, dass D. W. Griffith in seinen Drehbüchern schlicht Dickens' Erzähltechniken übernahm. Griffiths Innovation wurde schließlich als »Parallelmontage« bekannt.

Vor dem Spielfilm *Oliver!* gab es das Musical *Oliver!*, das von 1960 an im West End (und am Broadway) lief. Lionel Bart, der die Musik, die Texte und das Buch zum Musical geschrieben hatte, kannte *Oliver Twist* aus seiner Kindheit – aber seine Erinnerung galt nicht dem Buch. »In meiner frühen Kindheit im West End«, sagte er, »gab es einen kleinen Süßwarenladen, wo man für einen Penny einen Schokoriegel mit Karamellkern bekam. Er hieß ›Oliver‹, und auf der Verpackung war ein Bild von einem Jungen, der um etwas mehr bat.« Das nenne ich mal literarischen Nachruhm.

Seinerzeit kamen alle guten Musicals aus Amerika, und so war es seit Jahrzehnten. In England wusste niemand, wie man ein »Buch-Musical« schrieb, bei dem die

Lieder in die Erzählung einfließen. Aber Bart verfügte über die perfekten Referenzen, um einen Dickens-Stoff in einen Broadwayhit zu verwandeln. Als jüngstes von elf Kindern waren ihm die von Dickens beschriebenen Entbehrungen vertraut, und er war in der Gegend aufgewachsen, in der so viele von Dickens' Erzählungen spielen. Er war auch musikalisch begabt, aber in einer eher populären Richtung, und hatte schon mehrere Plattenerfolge zu verzeichnen. Er verfuhr auch schonungslos mit dem Buch – oder machte vielmehr großzügig von David Leans bereits schonungslosem Film von 1948 als Vorlage Gebrauch. Das Buch umfasst mehrere Hundert Seiten, und der Film begnügt sich mit einer Stunde und sechsundfünfzig Minuten. Dickens' Figuren, sein Gespür für Schauplätze und Handlungsentwicklung machten ihn unwiderstehlich für alle, die beim Theater, Film oder Fernsehen arbeiten, aber diejenigen, die die Umsetzungen besorgten, waren immer hin- und hergerissen zwischen einer Länge, die ihm gerecht würde, und einem Kulturgenuss, der bequem zwischen Abendessen und Zubettgehen passt. Leans *Große Erwartungen* hatte eine Laufzeit von knapp unter zwei Stunden; Christine Edzards Verfilmung von *Klein Dorrit* aus dem Jahr 1987 dauerte fünf Stunden und dreiundvierzig Minuten und musste in zwei Teile getrennt werden. Armando Iannuccis *David Copperfield – Einmal Reichtum und zurück* blieb ebenfalls unter zwei Stunden; David Edgars berühmte Bühnenadaption von *Nikolas Nickleby* aus dem Jahr 1980 dauerte achteinhalb Stunden und wurde wie Edzards

Film in zwei nahezu unverdauliche Hälften geteilt. Es überrascht vielleicht nicht, dass Dickens im Format der Fernsehserie am besten funktioniert oder dass sie seiner überbordenden, unbändigen Vorstellungskraft zumindest mit dem größten Respekt begegnen kann. *Bleak House* von 2005, das nach dem einstündigen Pilotfilm in halbstündigen Folgen erzählt wird, verfügt über ein so perfekt austariertes Erzähltempo, dass man sich die atemlose Spannung vorstellen kann, mit der die ursprünglichen Leser auf die nächste Ausgabe warteten.

Diese Schonungslosigkeit hatte viel mit dem Streichen untergeordneter Erzählstränge zu tun, aber noch etwas anderes erwies sich als bedeutsam: Fagin aus *Oliver Twist* wurde sowohl liebenswerter als auch deutlich weniger problematisch. Im Buch sind Fagins Jüdischsein und Dickens' Verwendung antisemitischer Tropen und Stereotype allgegenwärtig, unübersehbar, und sie hatten Auswirkungen und Konsequenzen, die sich über die Jahrhunderte erstreckten. Offenbar bereute Dickens diese Art der Darstellung. Eine jüdische Freundin schrieb ihm, und er verwandte viel Zeit darauf, Hinweise auf »den Juden« aus späteren Ausgaben zu tilgen; den Versuch einer Wiedergutmachung stellte die Figur des Riah in *Unser gemeinsamer Freund* dar, dessen Frömmigkeit und Bescheidenheit ihn beinahe leblos machen. Doch das Problem verschwand nie ganz aus der Welt. Alec Guiness' Verkörperung der Figur in Leans Film von 1948 war anstößig genug, um in den USA zu Schnitten und Verschiebungen des Kinostarts zu führen.

Doch der Fagin aus dem Musical war ein anderer, ein liebenswerter Spitzbube mit zwei echten Knüllersongs – »You've Got to Pick a Pocket or Two« und »Reviewing the Situation«. Bart war selbst Jude, ebenso wie Ron Moody, der Star der ursprünglichen Bühnenshow und der erste Jude, der die Rolle spielte. Soweit sich feststellen lässt, rief Fagin keine Empörung hervor, weder in England noch – angesichts der Probleme, auf die Leans Film gestoßen war, vielleicht maßgeblicher – am Broadway, wo das Musical für zehn Tonys nominiert wurde und drei Jahre lang lief (und wo Davy Jones, später Mitglied der Monkees, den Artful Dodger gab). Fagin wurde ein anderer, und Dickens ebenso. Trotz der in *Oliver Twist* enthaltenen Polemik und seiner Darstellung der finstersten und elendsten Ecken von London wurde Dickens in dem Musical als ein fröhlicher Bursche präsentiert, musikalisch, familienfreundlich; im OUPblog kommt Marc Napolitano auf insgesamt zehn Dickens-Romane, die seitdem für das Musiktheater aufbereitet wurden, darunter der unvollendete *Das Geheimnis des Edwyn Drood* und der für seine Düsternis bekannte *Harte Zeiten,* dessen Bühnenadaption im Sommer 2000 auf die Bühne gebracht und auch wieder abgesetzt wurde. »Das Musical *Hard Times* ist ein humaner und urkomischer Einblick in die Gesellschaft, konterkariert mit dem Esprit und dem Zauber des Zirkus«, steht auf ThisIsTheatre. com. Man kann mit Fug und Recht behaupten, dass der Roman *Harte Zeiten* nichts davon ist.

Die Filmfassung von Barts Musical wurde für elf

Oscars nominiert und gewann sechs, darunter die Auszeichnung für den besten Film und den besten Regisseur. Dickens war einhundertfünfundsechzig, als der Film herauskam, etwas spät für einen persönlichen Wandel, aber Lionel Bart stellte etwas mit ihm an, so wie der Film *Purple Rain* etwas mit Prince anstellte. Und in der Folge wurden beide missverstanden.

DAS ARBEITSLEBEN

Dickens begann mit der Veröffentlichung von *Oliver Twist*, ehe die der *Pickwickier* ganz abgeschlossen war. Er begann mit der Veröffentlichung von *Nikolas Nickleby*, ehe er mit *Oliver Twist* durch war. Mit anderen Worten: Er konnte im Geiste zwei Bücher gleichzeitig gegenwärtig halten – zwei Figurenensembles (und natürlich ist das Figurenregister bei jedem Dickens-Roman riesig), zwei Handlungen, zwei unterschiedliche Tonfälle. »Kam er vom Mars?«, fragte der Schriftsteller David Gates in seinem Vorwort zu *David Copperfield*. Meines Wissens hat das kein anderer Autor getan, und ich weiß auch von keinem, der auch nur annähernd dazu in der Lage gewesen wäre. Und falls doch, wie wahrscheinlich ist es, dass diese ohnehin schon bizarre Fähigkeit zu Ergebnissen wie *Oliver Twist* oder *Nikolas Nickleby* führen würde, zwei der meistgeliebten und langlebigsten Romane in der Geschichte der Literatur?

Man muss kaum darauf hinweisen, dass er alles, aber auch wirklich alles falsch gemacht hat, wollte man den herkömmlichen Weisheiten des zwanzigsten und einundzwanzigsten Jahrhunderts bezüglich des Schreibens von Literatur Glauben schenken. »In Vollzeit ein Buch zu schreiben, dauert zwei bis zehn Jahre«, stellt Annie Dillard in ihrem Buch *The Writing Life* unerklärlicherweise fest. »Nach meiner Schätzung schreiben Schriftsteller in Vollzeit durchschnittlich alle fünf Jahre ein Buch: dreiundsiebzig verwendbare Seiten im Jahr oder eine verwendbare Fünftelseite am Tag.« Sie muss doch Dickens gekannt haben, für den diese »verwendbare Fünftelseite« im Bankrott geendet hätte. Sie muss doch gewusst haben, dass Kerouac sein *Unterwegs* in drei Wochen geschrieben hat. Womöglich hat sie nicht gewusst – oder aber es war ihr egal –, dass P. G. Wodehouse, einer der größten Stilisten der englischsprachigen Literatur, in etwas über siebzig Jahren neunzig Bücher, vierzig Theaterstücke und zweihundert Kurzgeschichten geschrieben hat. Die meisten der Bücher werden noch heute gelesen und geliebt. »Kürzen Sie, bis sich nichts mehr kürzen lässt«, schreibt ein etablierter Schriftsteller in der Reihe »Zehn Regeln für das fiktionale Schreiben« des *Guardian*. »Noch einmal lesen, umschreiben, noch einmal lesen, umschreiben. Wenn es immer noch nicht funktioniert, wegschmeißen«, ein anderer. »Schreiben Sie für morgen, nicht für heute«, ein dritter. »Langsam und bedachtsam vorgehen«, ein vierter. In Anbetracht seines Zeitplans muss man vermuten, dass Dickens nichts davon tat. *David Copperfield,* schrieb David Gates, sei »ein Roman, von dem jeder Schriftsteller noch etwas lernen kann und von dem er sich eingeschüchtert fühlen sollte. Es wäre unheimlich genug, hätte er den Roman jahrelang umgeschrieben: Tatsächlich schrieb er ihn wie all seine Romane aufs Geratewohl in Fortsetzungen.«

Zusammen umfassen *Oliver Twist* und *Nikolas Nickleby* etwa eine halbe Million Wörter, also ungefähr zwei *Moby-Dicks* oder alle vier von Elena Ferrantes neapolitanischen Romanen zusammengenommen. Er begann *Oliver Twist* im Februar 1837 zu veröffentlichen und beendete es im April 1839; die letzte Folge von *Nikolas Nickleby* erschien im Oktober desselben Jahres. Diese halbe Million Wörter wurde also innerhalb von dreißig Monaten geschrieben, mit einer Phase besonders hektischer Aktivität im Jahr vor der letzten Ausgabe von *Oliver Twist,* als er an beiden zugleich schrieb.

Einige der Lektionen, die sich aus Dickens' erstaunlichen Errungenschaften ziehen lassen, sind widersprüchlich, zumindest für Schriftsteller. Wir sollten uns, wie Gates sagt, von ihnen eingeschüchtert fühlen – oder zumindest sollten wir das, wenn wir dergleichen anstreben. (Ich glaube, besser kommt man zu der Einsicht, man solle es erst gar nicht versuchen, selbst wenn man schon veröffentlicht ist, selbst wenn sich die eigenen Bücher gut verkaufen und/oder man irgendwelche Preise gewonnen hat. Man wird es nie erreichen.) Aber neben der Einschüchterung hat diese Arbeitsmethode auch etwas sehr Befreiendes, da sie die Vorstellung, es gebe eine richtige Vorgehensweise, sofort verpuffen lässt. Wenn der vielleicht größte englischsprachige Schriftsteller für heute und nicht für morgen schrieb und schnell und eher unbekümmert vorging, dann sind die Ratschläge anderer Schriftseller womöglich keinen Pfifferling wert. Und vielleicht liegt es an mir, aber die Fruchtbarkeit seiner Vorstellungskraft, sein unmittelbarer Zugang zu erzählerischen Ideen (Ideen, die ihm »vorgefertigt in die Federspitze flossen«, wie er einem jungen Schriftsteller schrieb),[4] Worten, Figuren, alles gleich unterhalb der Oberfläche in einem scheinbar unerschöpflichen Reservoir sprudelnder Kreativität, ist auch erfrischend und inspirierend. Wann immer uns jemand erzählt, Kreativität sei schwierig, rar, erlesen, unzugänglich oder müsse mit Argwohn betrachtet werden, sollten wir uns an den Fünfundzwanzigjährigen erinnern, der zwei kolossale, brillante Romane auf einmal schreiben konnte. Ich weiß, dass er unnachahmlich war, aber wenn man über die scheinbare Mühelosigkeit seiner Unnachahmlichkeit nachdenkt, macht einen das zwangsläufig lockerer.

Dickens war kein Perfektionist. Dafür hatte er keine Zeit. Es ist schwer zu sagen, was mit den Schriftstellern passiert, die zwischen zwei Büchern zehn oder

---

4 Der junge Schriftsteller war G. H. Lewes, der spätere Lebensgefährte George Eliots.

fünfzehn Jahre lang verschwinden oder nach einem beachtlichen Erfolg nie wieder etwas schreiben. Salinger schrieb nach *Der Fänger im Roggen* offenbar einen ganzen Haufen Romane, veröffentlichte aber nach einer Kurzgeschichte im *New Yorker* aus dem Jahr 1965, als er sechsundvierzig war, gar nichts mehr, mutmaßlich, weil ihm sein gewaltiger Erfolg unheimlich war. In ihrem faszinierenden Buch *Furious Hours* schildert Casey Cep die Pläne Harper Lees, nach *Wer die Nachtigall stört* ein True-Crime-Buch nach Art von *Kaltblütig* ihres Freundes Truman Capote zu veröffentlichen, aber daraus wurde nichts, und aus allem anderen auch nicht. Harold Brodkey brauchte siebenundzwanzig Jahre, um den Roman *Die flüchtige Seele* zu Ende zu bringen, der bei Erscheinen im Jahr 1991 schon einen geradezu mythischen Status innehatte. »*Die flüchtige Seele* ist wirklich das allerletzte Buch, von dem man das sagen möchte, aber es hätte eine Überarbeitung vertragen können«, lautete das Urteil des *Newsweek*-Kritikers. Zum Zeitpunkt der Niederschrift ist das Buch vergriffen. Waren Brodkey, Lee und Salinger Perfektionisten? Falls ja, haben sie dahingehend nicht viel vorzuweisen.

»Tatsache ist, dass Mr Dickens zu häufig und zu viel schreibt«, stand in einer berühmten, nicht unterzeichneten und viel zitierten zeitgenössischen Rezension von Dickens' frühen Werken im *Quarterly Review*. »Sollte er diesen Kurs noch viel länger beibehalten, bedürfte es keiner seherischen Gabe, um sein Schicksal vorherzusagen – er ist aufgestiegen wie eine Rakete, und er wird niederkrachen wie die Gerte.« Die Besprechung war nicht ganz so harsch, wie diese Zeilen sie erscheinen lassen; der Rezensent war auf Dickens' Seite und wünschte ihm, er möge sich sein Talent bewahren. Trotzdem war es falsch. Die Bücher wurden gelesen und geliebt, und sie überdauerten. Und auch sonst ist nicht viel Wahres daran, oder? Zu häufig und zu viel für wen?

Dickens war allem Anschein nach niemand, dem es an Selbstvertrauen mangelte, aber der Versuch, immer weiter ein Buch nach dem anderen auszustoßen, hat etwas Demütiges. Er ist das Merkmal eines Schriftstellers, der sich als Unterhalter betrachtet und sich dem Publikum gegenüber in der Pflicht sieht – und eines Ernährers mit einer stetig wachsenden jungen Familie. (Sein zehntes Kind kam 1852 zur Welt, als er vierzig war.) Das ähnelt durchaus der Art und Weise, wie sich der andere größte Autor der englischen Geschichte sah. Im Jahr 1599 schrieb Shakespeare *Heinrich V.*, *Julius Caesar* und *Wie es euch gefällt*. Ach, und *Hamlet*. Im zwanzigsten oder einundzwanzigsten Jahrhundert hätte die Erschaffung jedes einzelnen dieser Stücke große Unsicherheit und Selbstzweifel nach sich ziehen können. *Mein Gott, was soll ich denn nach* Hamlet *bloß noch schreiben?* Aber Shakespeare hatte für eine Theatertruppe aufzukommen. Die Schauspieler der Lord Chamberlain's Men brauchten Stoff, viel mehr als eine verwendbare Fünftelseite pro Tag, und Shakespeare musste ihn liefern. Nur ein Narr würde behaupten, große Literatur könne nur schnell und aus finanzieller Not entstehen. Aber das Gegenargument – große Literatur entstehe nur langsam und ohne Hinblick auf Geld – ist noch verrückter. Mit Sicherheit lässt sich nur sagen, dass große Bücher und große Stücke von Menschen unterschiedlichster Herkunft und unterschiedlichsten Alters in den unterschiedlichsten Lebensumständen stammen.

Prince arbeitete an mehreren Projekten zugleich, als er 1983 und 1984 *Purple Rain* aufnahm. Man könnte argumentieren, dass Musik eben Musik und das Aufnehmen daher nicht mit dem Schreiben von Romanen vergleichbar ist – Prince musste keine Themen, Handlungen und Figuren auseinanderhalten. Aber was er vorhatte, war immer noch ziemlich kompliziert. Er brauchte – oder wünschte sich zumindest – drei verschiedene Alben, die den Film *Purple Rain* begleiten sollten. Es gab das Album *Purple Rain,* dessen Songs das Filmdrehbuch beeinflussten und umgekehrt. Er wollte ein Album von The Time, der Band unter Leitung von Morris Day, der im Film Kids Erzrivalen spielt, und ein Album von Apollonia 6, einer Art Band unter einer Art Leitung von Apollonia, die Kids Angebetete spielt. All das würde dazu beitragen, den Film zu bewerben, aber nur, wenn er die Kontrolle über alles hatte. (The Time war eine funktionierende, eigenständige Band, bis sie für den Film besetzt wurde, woraufhin Prince sowohl über die Musik als auch über die Mitgliedschaft in der Band zu verfügen begann.) Und dann waren da noch das Album, das er mit und für Sheila E. machte, seine Perkussionistin und Freundin, und das

Album, das er für die Family machte, eine Band, bestehend aus den Musikern, die er regelmäßig im Studio sah – der Saxofonspieler Eric Leeds sagte, das Family-Album sei »genauso ein Prince-Album wie jedes andere, das er je aufgenommen hat«. Auf dem Family-Album war auch der Song »Nothing Compares to U« versteckt, der später herausgelöst und umfunktioniert wurde. Mit Sheena Easton zusammen hatte Prince »Sugar Walls« geschrieben und aufgenommen. (Echter Google-Suchvorschlag: »Sind Sheila E. und Sheena Easton dieselbe Person?«) Er schrieb »Manic Monday« für Apollonia 6, hatte aber offensichtlich Zweifel am kommerziellen Potenzial der Gruppe. Und er hatte schon mit der Arbeit an seinem eigenen *Around the World in a Day* begonnen, einer deutlich anders klingenden Sammlung von Stücken, beeinflusst von der Weltmusik, die Lisa Colemans Bruder David ihm vorgespielt hatte. Laut PrinceVault.com (und glauben Sie mir, die wissen Bescheid) wurden in diesen zwei Jahren einhundertacht Stücke aufgenommen, an denen er in maßgeblicher Weise beteiligt war. Viele von ihnen erschienen schließlich unter seinem Namen, zunächst als B-Seiten und dann auf der erweiterten Auflage des Albums *Purple Rain* von 2015, das elf zuvor nur auf Bootlegs erhältliche Songs enthielt.

Natürlich ist dabei nicht alles auf der Höhe von »When Doves Cry«, »Purple Rain« oder »Nothing Compares to U«, aber die meisten Stücke waren es doch zumindest wert, aufgenommen zu werden. Sheila E.s Album geriet gut, »Sugar Walls« wurde zum Hit, das Time-Album erreichte Platin-Status. Und unter den Sachen, die er einspielte, ohne dann viel mit ihnen anzufangen, sind eindeutig ein paar Schätze versteckt. Auf »She's Always in My Hair«, das Prince allein an einem Tag aufnahm, spielte er Schlagzeug, Bass, Gitarre und Synthesizer, und der Song hätte es schon allein aufgrund des Gitarrensolos auf jede Platte eines beliebigen Künstlers geschafft. »17 Days« ist ein wild vorwärtsdrängendes Stück Funk mit einem Hauch aufgebohrtem Ska. Aber entscheidend war nicht, ob es sich um Prince in Bestform oder um Durchschnitts-Prince handelte. Entscheidend war, dass er es tun musste. »Viele, die mit Prince Zeit verbrachten, sagten, er sei süchtig nach dem Schaffensprozess gewesen«, schreibt Duane Tudahl. »Er war ständig auf der Suche nach Unbekanntem, um das Interesse nicht zu verlieren.«

»Er war kein Perfektionist«, sagte Prince' Toningenieurin Susan Rogers. »Als Perfektionist hätte er nicht so einen Ausstoß gehabt […] Es floss einfach aus ihm heraus – er konnte nicht warten, bis sich Perfektion einstellte.« »Prince hat uns gelehrt, dass die Perfektion in der Spontaneität liegt«, sagte Terry Lewis, der von Prince bei The Time rausgeschmissen wurde, aber mit Jimmy Jam zusammen eine Riesenkarriere als Produzent und Songwriter hinlegte. »Du machst es einfach, und was dabei auch herauskommt, es ist perfekt! Sei einfach schöpferisch, und grüble nicht darüber nach, was du geschaffen hast.«

Im Jahr 1986 richtete Prince sich zu Hause in Minnesota ein vollwertiges Studio ein. Das Bedürfnis nach einem teuren Studio war sowohl ein Hinweis auf kreative Überfülle als auch, paradoxerweise, mangelndes Interesse an Perfektion. Ein kleines Vierspurgerät hätte bedeutet, dass er Demos machte, und das wollte er nicht. Demos waren etwas für Zauderer, für Leute, die viel Zeit in die Produktion eines Albums stecken. Prince wollte morgens in dem Wissen aufstehen, dass alles, was er an jenem Tag aufnahm, *gut genug* wäre und er sich neuen Dingen zuwenden könne. Er wollte kreieren, nicht grübeln.

Susan Rogers überwachte den Einbau des Mischpults, und das allererste Stück, das Prince damit aufnahm, war »The Ballad of Dorothy Parker«, eines der Stücke von *Sign o' the Times;* zu ihrem Schrecken klang diese erste Aufnahme nicht gut. »Es klang, als läge eine Decke über allem«, erinnerte sie sich. »Mit jedem neuen Instrument, das dazukommt […], gerate ich immer tiefer in Schwierigkeiten, weil es nicht nur die Drums ruiniert, es ruiniert die Drums, den Bass, das Keyboard und den Gesang. Aber … ich kannte ihn zu diesem Zeitpunkt schon ziemlich gut. Lass ihn machen. Lass ihn machen. Er ist im Fluss, er ist glücklich. Er kann es ja später in Ruhe ausmerzen.« Aber er merzte es nie aus. »Es war ihm egal«, sagte Rogers. »Es war einer dieser Unfälle, die sich im Nachhinein als Glücksfall erweisen. Durch das Fehlen der hohen Töne, die Dumpfheit, klang es wie unter Wasser. Er nutzte diese dumpfe Resonanz, um Kunst zu schaffen.«

Ich würde meine ersten Entwürfe nicht veröffentlicht oder verfilmt sehen wollen. Prince und Dickens hatten Glück, weil sie nicht besser sein *mussten,* als sie waren.

Wenn man ein *Purple Rain* oder einen *Oliver Twist* aus dem Ärmel schütteln kann, welchen Sinn hätte es dann, den Prozess um ein paar Jahre in die Länge zu ziehen, um sie ein kleines bisschen besser zu machen, oder sich jeweils auf nur ein Projekt zu konzentrieren? So hätten wir in der Folge auf etwas verzichten müssen – einen Roman, ein Album, ein paar Nebenprojekte. Es hätte weniger gegeben, und in diesem Fall ist weniger *nicht* mehr. Uns wäre etwas entgangen. Und natürlich klingt »The Ballad of Dorothy Parker« auch unter Wasser gut. Wir anderen dagegen hätten geklungen, als würden wir gerade absaufen.

»Perfektionismus ist die Stimme des Unterdrückers, der Feind des Volkes«, erklärt Anne Lamott in *Bird by Bird,* ihrem Buch über das Schreiben. »Er macht, dass man das ganze Leben lang verkrampft und wahnsinnig ist […].« Aber es ist eigentlich keine bewusste Entscheidung. Ich bin mir sicher, was auch immer Harper Lee vom Schreiben eines zweiten Buches abgehalten hat, ihr wäre es lieber gewesen, diese Hemmung nicht zu haben. Und der alte Salinger sah auf diesem einen mitleiderregenden Schnappschuss nicht aus wie jemand, der sich an seinen Tantiemen und ein paar Runden Golf erfreut. Auch strenge Selbstermahnung und der feste Vorsatz, die Zügel beim nächsten Mal schleifen zu lassen, hätten das Problem nicht beseitigt. Der Perfektionist muss aufhören zu sein, wer er ist, und das ist schwer.

Ich verstehe Prince und Dickens besser als die Perfektionisten. Solange ich Berufsschriftsteller bin, hat es immer irgendetwas gegeben, womit ich vorankommen will und wobei es sich nicht um das handelt, woran ich gerade arbeite; die Idee zu dem Buch, das Sie gerade lesen, kam mir mitten in einem anderen Projekt, und nun, da ich mit diesem Buch angefangen habe, bin ich in Gedanken auch schon wieder bei der nächsten Sache. Leider zeugt das eher von kurzer Aufmerksamkeitsspanne als von Genie, aber es heißt auch, dass mehr Dinge entstehen. Ich habe meine Schriftstellerlaufbahn mit fünfunddreißig begonnen, und ich hatte immer das Gefühl, dass meine Kreativität in den Jahren davor blockiert war. Ich hatte aufzuholen. Wenn die Filmrechte für einen meiner Romane vergeben wurden, wollte ich die Adaptionen nie selbst übernehmen. Ein Buch braucht ein paar Jahre, und zwischen Veröffentlichung und Produktion liegen oft noch einmal vier oder fünf Jahre; ich will, ich kann nicht sechs Jahre lang über ein und denselben Stoff nachdenken.

Ein seltsames Nebenprodukt der Arbeit an Filmen und für das Fernsehen ist allerdings, dass einem von den Schauspielern, Regisseuren und Produzenten Perfektionismus aufgezwungen wird. Mit »Perfektionismus« meine ich übrigens nicht den Akt, Dinge in objektiver Weise perfekt zu machen. Perfektionismus steht hier für den Akt, Dinge immer wieder zu tun, bis man sie leid ist. Verschiedene Leute machen in verschiedenen Phasen des Prozesses Anmerkungen, meist zu jedem einzelnen Satz des Drehbuchs, sodass Dinge, die in einem Roman vielleicht unangetastet geblieben wären – weil es keine

Schauspieler gibt, keine finanziellen Einschränkungen, keine Vision eines Regisseurs –, auf den Prüfstand gestellt und nachgebessert werden. Bei einem Roman gibt es dich und einen Lektor, der die beste Version von dir zu finden versucht. Während der Produktion eines Films beginnt man, sich wie ein Perfektionist zu fühlen, auch wenn das eigene nicht perfektionistische Ich schreiend und um sich schlagend zurück zum Drehbuchprogramm geschleift wird. Der Beruf des Regisseurs ist per Definition perfektionistisch. Immer wenn ich Stephen Frears »Und noch mal!« rufen höre, was ich inzwischen sehr oft getan habe, staune ich über seine Hartnäckigkeit. Ich könnte nie Regisseur sein, weil ich kein Interesse an Schuss-Gegenschuss-Verfahren habe; ich glaube nicht, dass ich ernsthafte Probleme damit hätte, wenn ein Schauspieler einen Satz auf exzentrische Weise sagt oder ein Wort undeutlich klingt. Passt schon. Weiter geht's. Aber so kann man nicht arbeiten, weil sich das Ergebnis niemand ansehen könnte, und das gilt durch die Bank, ob man nun eine Comicadaption oder eine Literaturverfilmung mit Oscar-Ambitionen dreht. Trotz der häufig wiederholten Behauptung, Dickens habe über ein filmisches oder televisuelles Vorstellungsvermögen verfügt, bin ich mir sicher, er hätte den Prozess gehasst. Der nächste Film, den Prince nach *Purple Rain* drehte, war *Under the Cherry Moon* (1986), der bei Publikum und Kritikern auf katastrophale Weise durchfiel. Prince setzte die Regisseurin vor die Tür und nahm die Sache selbst in die Hand. Vielleicht war sie zu langsam. Aus der

Ferne betrachtet, sieht es für mich nicht so aus, als wäre Regisseur der richtige Job für ihn gewesen.

Man muss nicht eigens darauf hinweisen, dass er 1986, als er all die Stücke des Boxsets von *Sign o' the Times* aufnahm, zugleich an mehreren anderen Alben arbeitete. Eines davon war für ein weibliches Alter Ego bestimmt, das er Camille nannte und dessen androgyne Stimme entstand, indem die Tonhöhe seines Gesangs verändert wurde – in dem Song »If I Was Your Girlfriend« auf dem ursprünglichen Album kommen seine Absichten vielleicht am besten zur Geltung. Es gab noch ein weiteres Album mit dem Titel *Dream Factory,* das wie die Camille-Platte in dem Dreifachalbum *Crystal Ball* aufging, aus dem schließlich das ursprüngliche Doppelalbum *Sign o' the Times* wurde. Das Dreifachalbum *Crystal Ball* ist übrigens nicht identisch mit dem 1998 ebenfalls unter dem Titel *Crystal Ball* erschienenen Dreifachalbum, das in Prince' Diskografie auf das Dreifachalbum *Emancipation* folgt. Das ist ein ordentlicher Haufen Musik. Die sechzehn Stücke des ursprünglichen Albums bilden nicht unbedingt ein zusammenhängendes Ganzes, aber das ist das Herrliche daran; selbst heute kann man noch über einen großartigen Song stolpern, den man vergessen hatte, weil er eigentlich gar nicht dazuzugehören scheint. Und auf diese Weise kann Prince die ganze Bandbreite seines Talents zur Schau stellen. *Sign o' the Times* ist kein Funk-Jam-Album oder ein robotisches Elektropop-Album oder ein Zeugen-Jehovas-Album (davon gab es auch eines). Es war all das und mehr. Für mich spielt *Sign o' the Times* ganz oben bei den großen Doppelalben mit, bei *Blonde on Blonde, Exile on Main St., Songs in the Key of Life* und *London Calling,* und selbst in dieser illustren Schar ist es wahrscheinlich das einzige, das ich mir augenblicklich gern von Anfang bis Ende anhören würde. Nach 1999 war es sein zweites großartiges Doppelalbum in fünf Jahren.

Prince war achtundzwanzig, als er *Sign o' the Times* aufnahm. Dickens arbeitete im selben Alter genauso hart, aber nicht, weil er gebrannt hätte wie Prince. Er fürchtete im Gegenteil, die Glut seiner Kreativität würde zu schnell erkalten. Er hatte drei große Romane und einige Theaterstücke geschrieben und gab ein monatliches Magazin heraus. Er hatte eine junge Familie und lebte über seine Verhältnisse, was ihn in die Bredouille brachte, weil er verschiedenen Verlagen Texte versprach, die er unmöglich liefern konnte. Im Jahr 1840, schreibt Claire Tomalin, »wollte er sich auf geruhsamere Weise vergnügen, indem er *Master Humphrey's Clock* herausgab, eine kleine Wochenzeitschrift für Vermischtes«. Den Inhalt würden seine literarischen Freunde beisteuern, und er hoffte, damit einen Umsatz von 5000 Pfund im Jahr zu erzielen, während er seine Kräfte sammelte. Aber nach einem vielversprechenden Beginn brachen die Verkäufe von *Master Humphrey* ein, und in seinen Augen bestand der einzige Ausweg darin, eine Kurzgeschichte aus seiner Feder in einen weiteren Fortsetzungsroman zu verwandeln – was bedeutete, dass er von Woche zu Woche einen Roman improvisieren musste, an den er im Januar noch keinen Gedanken verschwendet hatte. Für all jene, die Kreatives Schreiben unterrichten oder ernsthafte literarische Ambitionen haben, wäre es ganz sicher eine Erleichterung, könnte ich ihnen sagen, der Titel dieses Romans sei *Christopher Christian* oder *A Word in Your Ear* gewesen oder sonst irgendetwas, was vergessen und seit über hundertachtzig Jahren nicht mehr aufgelegt wurde. Leider war es *Der Raritätenladen*. Die kleine Nell, Quilp und Dick Swiveller wurden mehr oder weniger aus dem Stegreif erfunden, um dem Erfinder aus der finanziellen Misere zu helfen.[5]

Letztlich spielt es keine Rolle, woher Dickens' Kreativität kam. Hatte er sich einmal entschlossen, ein Buch zu schreiben, musste er es sich nicht Wort um Wort qualvoll abringen. Der einzige Schmerz, den er sich beim Schreiben von *Der Raritätenladen* selbst zufügte (sieht man einmal von den negativen Auswirkungen auf seine Gesundheit ab), war der Tod der kleinen Nell. »Die ganze Nacht hat mich das Kind verfolgt; und heute Morgen bin ich nicht erholt und fühle mich elend«, schrieb er seinem Freund Forster. »Diese Geschichte bricht mir das Herz, und ich bringe es nicht über mich, sie zu beenden«, teilte er seinem Illustrator mit. Nells Tod wurde zu einem der

---

5 Genauso verhielt es sich mit *Große Erwartungen,* das geschrieben wurde, als Dickens begriff, dass der Episodenroman *A Day's Ride* von Charles Lever, den er eigentlich abdrucken wollte, ein Flop war.

bekanntesten der Literaturgeschichte, obgleich Dickens, wie A. N. Wilson aufzeigt, besonders gut darin war, Haupt- wie Nebenfiguren auf unvergessliche Weise ableben zu lassen. Dieses sonderbare Talent symbolisierte schließlich alles Gute und Schlechte an Dickens und am Viktorianischen England. Es ist und war, je nachdem, wen man fragt, entweder ein Hinweis auf Dickens' Sentimentalität oder auf seine Macht, sich mit dem Massenpublikum zu verbinden, wie es seither nur das Fernsehen getan hat; es sorgte sogar für die Entstehung einer urbanen Legende. In Wahrheit haben nie Tausende von Menschen am New Yorker Hafen verzweifelt auf Nachricht gewartet, wie es um die Gesundheit der kleinen Nell bestellt war. Carra Glatt zerstreut das Gerücht in einem angenehm erschöpfenden Artikel für *Nineteenth Century Studies* und weist darauf hin, dass sich die Ankunft von Schiffen seinerzeit unmöglich voraussagen ließ. Sie konnten mehrere Tage zu früh oder zu spät kommen, und man hätte schon ein besonders fanatischer Dickens-Fanatiker sein müssen, um womöglich eine Woche dort zu warten. Darüber hinaus hatte Dickens Verträge mit amerikanischen Verlagen abgeschlossen, die diesen das Recht einräumten, die Fortsetzungen selbst zu drucken. Glatt kann die urbane Legende von den Menschenmassen am Hafen nur bis ins Jahr 1940 zurückverfolgen, als ein Zeitungskolumnist namens Channing Pollock sie erwähnte (oder mit einiger Wahrscheinlichkeit erfand), um aufzuzeigen, dass Amerikaner in der guten alten Zeit würdige und die Moral stärkende Literatur noch zu schätzen wussten. (Dickens hätte es im Übrigen vielleicht überrascht zu lesen, dass er würdige Literatur schrieb.) Bald darauf begann sie in Dickens-Biografien aufzutauchen.[6] In gewisser Weise wird die Legende vom Tod der kleinen Nell und den Hafenanlagen noch bemerkenswerter, wenn wir die Umstände betrachten, in denen die kleine Nell geboren wurde. Dickens fürchtete das Ende seiner Zeitschrift, also schüttelte er einen Roman aus dem Ärmel, und hundert Jahre später denken sich Leute irgendeinen Blödsinn über ungezügelte Massen aus, die verzweifelt auf die nächste Folge warten.

Königin Viktoria las den Roman und fand ihn »klug geschrieben«. (Die Frage, ob sie das letzte Mitglied der Königsfamilie war, das einen Dickens-Roman oder sonst irgendein literarisches Werk las, sprengt den Rahmen dieses Buches.) Zu Dickens' Lebzeiten war es sein zweitbeliebtester Roman. Dick Swiveller mit seinen matten, komischen Phrasen (Alkohol ist »der Rosige«, ein Drink ist ein »bescheidener Löscher«, eine schlechte Nachricht ist ein »Bedenken«) hat auf Wodehouse einen so deutlichen Einfluss ausgeübt, dass Bertie Wooster Anspruch auf einen Gentest gehabt hätte. *Der Raritätenladen* hat so

---

6 In Stephen Kings Vorwort zu *The Green Mile*, das wie *Der Raritätenladen* in serialisierter Form erschien, ist New York zu Baltimore geworden, und mehrere Dickens-Verrückte wurden ins Wasser gestoßen und ertranken. Man hüte sich vor diesen Episodenromanen – sie machen die Menschen zu wilden Bestien.

zahlreiche Spuren hinterlassen, dass man sich fragt, was Dickens hätte erreichen können, hätte er den Roman wirklich geplant oder auch nur ein paar Wochen darüber nachgedacht. Vielleicht hätte es keinen Unterschied gemacht, auch wenn man nur mit Mühe jemanden findet, der den Roman zu seinen Lieblingsbüchern zählt, und *Barnaby Rudge,* der andere während der Panik um *Master Humphrey's Clock* entstandene Roman, ist noch weniger beliebt. Er verkaufte sich von Dickens' Büchern am schlechtesten und ist heute sein am wenigsten gelesener Roman. Dickens sollte noch deutlich bessere und von den Lesern mehr geliebte Bücher schreiben, es war also kein Anzeichen dafür, dass ihn sein Glück oder seine Kräfte verließen.

Und *Sign o' the Times* war trotz der schwierigen Entstehung mitten in einer Phase verblüffender Überproduktivität Prince' Höchstleistung. Geld und Geschäfte beeinträchtigten keinen von beiden in kreativer Hinsicht. Aber es sollte eine Zeit kommen, in der sie von beidem aufgezehrt wurden.

DAS GESCHÄFTLICHE

Diese Woche erhielt ich eine Zahlung, die ich nicht erwartet, mit der ich nicht gerechnet hatte. Es war ein kleiner Scheck für die Wiederholung der Schweizer Radiofassung von Staffel eins meiner Fernsehserie *State of the Union*. Natürlich wurde ich für die Fernsehserie vergütet, wobei es sich nicht um eine Auftragsarbeit handelte, weshalb es keine Vorauszahlungen gab: Ich schrieb sie auf gut Glück und hoffte auf Interesse von Produzenten, dann von Schauspielern und einem Regisseur und dann von Fernsehsendern. Autor, Produzenten, Regisseure und Schauspieler hielten letztlich gemeinsam die Rechte der Serie, sodass wir alle anschließenden Zahlungen durch fünf teilten (zwei Schauspieler, ein Regisseur, eine Produktionsfirma und ein Autor). Aus Sicht des Künstlers gibt es daran nichts auszusetzen, oder? Wir trugen alle ein Risiko und arbeiteten unentgeltlich, aber seither sind wir finanziell anständig vergütet worden und haben alle einen Emmy bekommen. Wahrscheinlich war unser Risiko nicht so groß wie das von AMC/Sundance, dem amerikanischen Sender, der buchstäblich dafür bezahlt hat, es sei denn, man ist der Meinung, umsonst zu arbeiten sei schmerzlicher, als tatsächlich Geld hinzublättern. Und auch wenn wir damit alle keine Millionen verdient haben, glaube ich nicht, dass irgendwer von uns die investierte Zeit oder Hingabe bereut. Ich war schon zuvor ähnliche Risiken eingegangen – den ersten Entwurf des Films *An Education,* vielleicht sogar die ersten paar Entwürfe, hatte ich sozusagen auf eigene Kosten geschrieben –, und ich habe es größtenteils nicht bereut. Ich schrieb etwas, was ich schreiben wollte, und glaubte daran, und da ich durch meinen Beruf als Schriftsteller noch andere Einnahmequellen hatte, fühlte es sich nie an, als setzte ich meine Existenz aufs Spiel.

Wie soll man abschätzen können, ob man angemessen bezahlt wird, wenn man als Künstler tätig ist? Ich fand es immer erstaunlich, dass ich meine Familie ernähren kann, indem ich mir Sachen ausdenke. Ich bin froh, von meinen Verlagen gut bezahlt zu werden, natürlich bin ich das. Aber bei der Zahlung für die Wiederholung von *State of the Union* im Schweizer Radio ist es unmöglich, sie nicht als einen irgendwie unverdienten Geldsegen aus heiterem Himmel zu betrachten. Und trotzdem ist es mein Werk. Ich habe mir die Geschichte und die Figuren ausgedacht. Wenn irgendwann danach irgendwer Geld damit verdient, dann ist es wohl nur gerecht, wenn ich an diesem Gewinn beteiligt werde.

State of the Union zeichnete sich noch durch etwas anderes aus: Seinerzeit fühlte es sich gar nicht nach Arbeit an. Das Schreiben machte Spaß. Es ging mir rasch von der Hand, innerhalb von vielleicht drei Wochen, wenn ich die einzelnen Zeitabschnitte addiere. Und trotzdem bekomme ich, zwei oder drei Jahre nachdem ich es geschrieben habe, das Geld von der Wiederholung im Schweizer Radio. Vielleicht habe ich die Phasen vergessen, in denen es sich nach Arbeit anfühlte – wenn wir bei der Besetzung falsche Entscheidungen trafen, wenn die brillanten und anspruchsvollen Schauspieler und der Regisseur das Heft in die Hand nahmen.[7] Und ja, ich weiß, ich gehöre zu dem einen Prozent der Spitzenverdiener in meinem Beruf, aber ich darf ja trotzdem über meine wirtschaftliche Situation nachdenken.

Obwohl Prince und Dickens zu den obersten 0,1 Prozent ihres Berufsstands gehörten, fühlten sie sich beide über den Tisch gezogen, und im Gegensatz zu vielen anderen Künstlern versuchten sie etwas dagegen zu

---

7 Ich, als ich eines Tages während der Proben am Set ankomme: »Was probt ihr denn gerade?« Stephen Frears: »Die neue Szene, die du gestern geschrieben hast.« Ich: »Und wie läuft's?« SF: »Furchtbar. Sie ist einfach *unaussprechlich*.« Vielleicht ist das Geld vom Schweizer Radio auch eine Art von Karma.

unternehmen. Was Prince angeht, betrieb er, bildlich gesprochen, Selbstzerstörung, weil er so wütend war.

Prince' Unzufriedenheit scheint sich Anfang der '90er herausgebildet zu haben. »Irgendwann kommt ein Punkt [...], da haben Madonna und Michael Jackson sehr, sehr große Deals mit ihren Plattenfirmen abgeschlossen«, sagte Joe Levy, seinerzeit Redakteur bei *Billboard*, in einer Dokumentation mit dem Titel *Slave Trade* von 2014 über Prince' Händel mit der Musikindustrie. »Deals über dreißig Millionen Dollar, sechzig Millionen Dollar. Und Prince ist sauer. Denn Prince hält sich für einen größeren Künstler als Madonna oder Michael Jackson.«

Das ist ein entscheidender Augenblick im Leben eines jeden Künstlers. Kunst ist unbestreitbar etwas Subjektives: Viele von uns verbringen einen zu großen Teil ihres Lebens mit Diskussionen darüber, dass sie besser schreibt als er oder dass das musikalische Wirken dieser Band in den 1970ern besser war als das jener Band in den 1980ern. Verkaufszahlen sagen gar nichts aus – Mariah Carey ist nicht besser als die Rolling Stones, ganz egal, was *Billboard* behauptet, es sei denn, Sie persönlich finden sie besser, was natürlich Ihr gutes Recht ist. Auch Preise tragen nicht zur Klärung bei. Ihr Lieblingsfilm aus den vergangenen fünfzig Jahren hat mit ziemlicher Sicherheit keinen Oscar oder eine Goldene Palme gewonnen. Was tut man also, wenn man das Gefühl hat, für selbstverständlich genommen zu werden? Die Frage lässt sich am besten im Rahmen einer Therapie beantworten, aber wenn einem die Zeit dafür fehlt oder man nicht gündlich über die Frage nachgedacht hat, dann helfen hohe Vorschüsse.

Die Wahrheit ist, dass niemand ewig angesagt bleiben kann. Man kann nur darauf hoffen, dass das eigene Talent für eine ganze Karriere ausreicht, in einer Weise, dass es den Menschen, die dafür bezahlen, wirtschaftlich plausibel erscheint. Das ist alles. Das ist der Preis, den man gewinnt: ein Leben lang tun zu können, was man will. Wenn man sich nach Leuten umsieht, die bessergestellt sind als man selbst, bringt einem das nur Ärger ein, denn selbst wenn man König oder Königin der Welt ist, wird es bald jemand anderes sein. Die am wenigsten attraktiven älteren Künstler sind die, die nicht aufhören können, sich zu beschweren, sie würden nicht anständig vermarktet oder alles Neue sei fürchterlich. Sie drohen an, aufzuhören oder irgendwo anders hinzugehen, wo man sie mehr schätzt. »Jeder Künstler erreicht irgendwann den Punkt, wo er nur noch für die eingeschworenen Fans von Bedeutung ist«, sagte der kluge Alan Leeds, Tourmanager von Prince und Vorsitzender seiner Plattenfirma, in der Dokumentation *Slave Trade*. »Wenn deine Platte nicht durch die Decke geht, heißt das nicht unbedingt, dass sie nicht gut genug war oder nicht anständig vermarktet wurde.«

Prince scheint unter den Problemen gelitten zu haben, die sich einstellen, wenn man nicht mehr der größte und wichtigste Künstler der Welt ist, sondern nur noch ein ausgesprochen talentierter und beliebter. Als er auf den großen Reibach aus war, ging es mit ihm gerade ein wenig auf und ab. Das Album *Lovesexy* von 1988 war sein am wenigsten erfolgreiches seit den Anfangstagen seiner Karriere; der *Batman*-Soundtrack war ein Riesenerfolg; *Graffiti Bridge* lief so lala, wobei der Begleitfilm ebenso wie *Under the Cherry Moon* floppte; mit *Diamonds and Pearls* kam er dank einer Reihe von Hitsingles und recht guten Verkaufszahlen des Albums wieder in die Spur. Und das war der Moment, in dem er beschloss, seiner Plattenfirma Warner Bros. die Zähne zu zeigen. Er wollte den 100-Millionen-Dollar-Deal, der der Welt und ihm selbst beweisen würde, dass er besser als seine Zeitgenossen war, und er bekam ihn auch. Oder zumindest bekam er einen Vertrag, in dem diese Summe genannt wurde und der den Medien ermöglichte, sie in der Berichterstattung über den Deal anzugeben. In Wahrheit war das Ganze so strukturiert, dass er niemals in die Nähe einer solchen Summe kommen würde, weil seine Verkaufszahlen nicht mehr annähernd so hoch waren wie in den '80ern, und diese Verkaufszahlen dienten als Grundlage für den 100-Millionen-Dollar-Deal. Um alles zu bekommen, hätte er zehnmal hintereinander fünf Millionen Platten verkaufen müssen, und *Diamonds and Pearls* hatte es mit Ach und Krach über die Ziellinie geschafft. Als ihm bewusst wurde, dass ihm seine eigene Musik nicht gehörte, dass er die Alben seiner Freunde (und oftmals Freundinnen) nicht mehr auf Kosten der Plattenfirma auf seinem eigenen Label herausbringen und dass er kein Album mit siebzig Titeln darauf oder drei Alben im Jahr veröffentlichen konnte, stürzte er sich in eine Schlacht gegen Warner Bros. und die Musikbranche, die sich über Jahre hinzog.

Er legte den Namen ab, der ihn bekannt gemacht hatte und wurde zu einem unaussprechlichen Symbol, für das er kein Wort hatte. (»Eines Tages höre ich vielleicht ein Geräusch, das mir ein Gefühl dafür gibt, wie es klingen soll. Aber im Moment halte ich mich einfach an das Aussehen«, lautete seine hilfreiche Ausführung.) Er schrieb sich das Wort »SKLAVE« auf die Wange. Er veröffentlichte Platten im Internet, lange bevor das sonst irgendwer tat. Er reichte bei Warner Bros. verdächtig minderwertige Alben ein. Er weigerte sich, in der Öffentlichkeit zu sprechen, und bedeckte bei (stummen) Fernsehinterviews oft sein ganzes Gesicht mit Stoff. Er versuchte Fanseiten im Netz zu verklagen, zu einer Zeit, in der ihm die Fans wie Sand durch die Finger rannen. Er spielte seine Hits nicht auf der Bühne. In den Augen der breiten Bevölkerung verfügte er in einem Moment über ein neunstelliges Vermögen und beschwerte sich im nächsten über Knechtschaft. Es war verwirrend, befremdlich und in Anbetracht der Konnotationen des auf sein Gesicht gekritzelten Wortes ein wenig geschmacklos, und diejenigen von uns, die ihn mit um die zwanzig zu lieben begonnen hatten und inzwischen um die dreißig waren, fanden die ganze Sache ein bisschen peinlich. Fast alle, die irgendetwas mit ihm anfangen konnten, verloren ihn während dieser Phase aus den Augen. Es erschienen unzählige Alben, und es ließ sich unmöglich feststellen, ob sie etwas taugten oder nicht, weil niemand darüber zu sprechen oder zu schreiben schien, wobei sich im Nachhinein mithilfe von Spotify und YouTube feststellen lässt, dass sie größtenteils nichts taugten.

Aber auf eine Art, und zwar die Art, die für ihn seinerzeit zu zählen schien, funktionierte es letztlich, ohne dass sich das hätte vorhersehen lassen. Musik auf direktem Weg an das Publikum zu verkaufen, bedeutete, dass er mit einigen der erfolgreichen Veröffentlichungen mehr verdiente, als das zuvor möglich gewesen wäre, und er fand schließlich heraus, was seine übrigen Kollegen erst zu einem viel späteren Zeitpunkt der digitalen Revolution entdeckten: dass man nur noch mit Konzerten Geld verdiente. Er schloss Frieden mit seiner Vergangenheit, warf die Maske weg und rief den Leuten ins Gedächtnis, was für ein atemberaubender Performer er war, zuerst mit einem spektakulären Spot während der Grammy-Verleihung an der Seite von Beyoncé und 2007 dann mit der größten Super-Bowl-Halbzeitshow der Geschichte. Im selben Jahr spielte er einundzwanzigmal in der zwanzigtausend Zuschauer fassenden Londoner O2-Arena: Fast eine halbe Million Londoner sahen Prince im Laufe jenes Sommers live. Er war zu der Erkenntnis gelangt, dass im Gegensatz zu allem, woran die gesamte Musikbranche noch jahrelang glauben sollte, die Alben da waren, um die Konzerte zu bewerben, und nicht umgekehrt, also spielte es keine Rolle, wenn man sie verschenkte. Nachdem er Ende der '90er kurz vor dem Bankrott gestanden hatte, wurde Prince wieder reich.

Diese Geschichte hat etwas Elvis-haftes. Colonel Tom

Parker wusste zweifellos, was er tat, wenn es darum ging, die Gewinne seines Klienten zu maximieren. Wer sich je ernsthaft mit populärer Musik auseinandergesetzt hat, bedauert Parkers Entschlüsse und Entscheidungen. Wir sind alle davon überzeugt, dass wir als Elvis' Manager und Produzent von den frühen 1960ern bis zu seinem Tod noch fünfzehn weitere große Alben aus ihm herausgequetscht hätten. Ob wir ihn auch in jemanden verwandelt hätten, der relevante Platten machte, die eine Beziehung zum Publikum herstellten, werden wir nie erfahren. Prince wurde vom Business aufgerieben. Es war ihm zuwider, seine eigenen Aufnahmen nicht zu besitzen, es war ihm zuwider, gesagt zu bekommen, dass er Plattenfirmen, die mit ihm Gewinne erzielten, Geld schuldete. Er legte sich mit dem System an und besiegte es schließlich auch, aber es war ein kräftezehrender, zeitaufwendiger Kampf. Wie sehr wünscht man sich, er hätte mit den Schultern gezuckt, sich gesundgeschrumpft, wenn nötig, und tolle Musik gemacht. Vielleicht konnte er es nicht mehr; vielleicht war ihm die Muse nicht mehr hold, aber das klingt unwahrscheinlich. Wer sich die Mühe macht, sich durch die etwas mehr als fünfundzwanzig Alben hindurchzuhören, die er nach *Diamonds and Pearls* herausbrachte, wird auf einige der großartigsten Musikstücke stoßen, die er je gemacht hat, was bedeutet, dass es einige der großartigsten Musikstücke überhaupt sind. Hätte man zu verschiedenen Zeitpunkten des einundzwanzigsten Jahrhunderts »Sticky Like Glue«, »Prettyman« oder »Chelsea Rodgers« im

Radio gehört, und der DJ hätte anschließend gesagt, die Stücke seien von einem neuen Künstler, dann wäre man ganz Ohr gewesen. Aber am Ende hörten wir auf, hinzuhören. Wir hören immer auf hinzuhören. Es gibt zu viele andere, denen man zuhören kann.

Charles Dickens fand eigentlich von der Veröffentlichung seines ersten Buches an Gründe, sich über das Buchgeschäft zu ärgern. Seine beiden größten Widersacher, der Unternehmer und Verleger Edward Lloyd und der Dramaturg und Produzent Edward Stirling, waren in Dickens' Augen Plagiatoren. Lloyd veröffentlichte *The Penny Pickwick*, *Oliver Twiss* (herausgegeben von »Bos«), *Nickelas Nickleberry* und *Martin Guzzlewit*, sobald die Tinte der Originale getrocknet war, wenngleich er viel Arbeit investierte. So war *Oliver Twiss* beispielsweise umfangreicher als das Original, und auch wenn Lloyd der Handlung von *Oliver Twist* folgte, hätte es gegen das Urheberrecht verstoßen, tatsächlich irgendetwas eins zu eins zu übernehmen. Sollte Lloyd nicht über Dickens' mühelosen Umgang mit Figuren, Handlung und Sprache verfügt haben – und wer tat das schon? –, könnte man sogar sagen, dass er womöglich härter daran arbeiten musste als der ursprüngliche Autor.

Dickens und sein Verlag Chapman & Hall verklagten Lloyd, um eine einstweilige Verfügung gegen die »betrügerische Nachahmung« der Bücher zu erwirken. Heutzutage ist schwer vorstellbar, dass sich irgendwer ernsthaft daran stören würde: Auf Google findet man

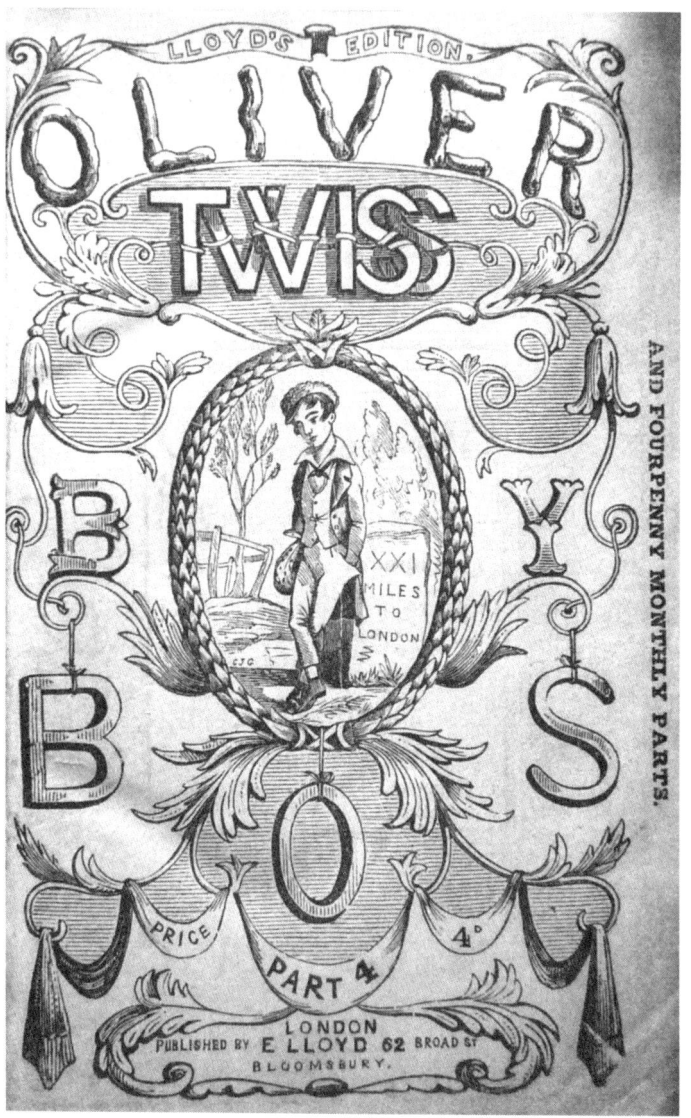

innerhalb von zehn Sekunden Bücher über Barry Trotter, Harry Putter, Henry Potty und Hairy Pothead. (Ich habe übrigens keinen der Namen erfunden.) Aber *Oliver Twiss* war keine Parodie, und es war billiger als *Oliver Twist,* und der Verfasser von Letzterem war seinerzeit ein noch recht junges Phänomen. Viele Leser bekamen Dickens erstmals durch Lloyds Fassungen zu schmecken, es besteht also kein Zweifel daran, dass Lloyd Dickens Geld kostete.

Ältere Leser werden sich vielleicht an die Alben mit billigen Nachahmungen von Charthits erinnern, die man bei Woolworths für vielleicht 99 Penny kaufen konnte, wobei die Komponisten vermutlich auch damals Tantiemen bekamen – so etwas in der Art machte Lloyd, nur dass er dem Autor eben nichts zahlte. Die Plattenfirma, die für diese nachgespielten Hits am bekanntesten war, hieß übrigens Pickwick. (Es ist doch einfach *merkwürdig,* dass noch niemand Prince und Dickens in einem Buch verglichen hat.) Und so wie die Pickwick-Alben bedeutend billiger als die ursprünglichen Lieder waren, waren auch Lloyds Episodenromane viel billiger als jene von Dickens. *The Penny Pickwick* kostete einen Penny; *Die Pickwickier* kosteten einen Schilling.

Dickens hatte vor Gericht keinen Erfolg, aber sein Ärger verflog nie, und er sickerte in die Bücher ein. *Die Pickwickier* sind dem Parlamentsmitglied Sir Thomas Noon Talfourd gewidmet, der den Urheberrechtsstreit ins Parlament trug und auf dem der liebenswerte Tommy Traddles in *David Copperfield* basiert; Nikolas

Nickleby geigt einem Edward Lloyd nicht unähnlichen
»Literaten« die Meinung:

> *Sie nehmen zum Beispiel die unvollendeten Schriften lebender Verfasser noch ganz unverarbeitet aus deren Händen und noch feucht vom Druck, schneiden, zerhacken und zerlegen sie […], veröffentlichen dann ganz ohne seine Erlaubnis und gegen seinen Willen und, um der Unverschämtheit die Krone aufzusetzen, in einer elenden Broschüre ein elendes Mischmasch von Auszügen aus seinen Werken, dem sie dann ihren eigenen Namen vorsetzen. Ich möchte nun wirklich wissen, was für ein Unterschied zwischen einer solchen Dieberei und einem Taschendiebstahl auf offener Straße ist – höchstens vielleicht der, daß das Gesetz Achtung hat vor dem physischen Eigentum und keine vor dem Erzeugnis des menschlichen Gehirns.*

Einer der Vorteile der Serialisierung ist eindeutig, dass man sich mitten im Roman einen Schlagabtausch mit einem Gegner liefern kann. Lloyd (beziehungsweise »Bos«) schlug in der Einleitung zu Band 1 von *The Penny Pickwick*, einer Sammlung der ersten Ausgaben, auf diese Weise zurück:

> *Anlässlich des Erscheinens jener Schillingpublikationen, die so viel Frohsinn und Heiterkeit gespendet haben, kam uns der Gedanke, dass es, hatten die wohlhabenderen Schichten doch ihren Momos, auch dem Armen nicht versagt sein sollte, eine ebenso lebendige Quelle der Unterhaltung zu*

besitzen, und zu einem Preis, der seinen Mitteln angemessen ist; wir haben uns daher selbst dieser beschwerlichen und doch freudigen Arbeit angenommen und sind das beträchtliche Wagnis eingegangen, unseren kleinen Band dem Publikum zu senden.

Lloyd war ein raffinierter Kerl mit einem Gespür für Publicity-Tricks, das aus dem einundzwanzigsten Jahrhundert stammte. Wir haben es hier mit einem Mann zu tun, der seine Angestellten mit Münzen bezahlte, auf die er Werbung für eine seiner Zeitungen geprägt hatte, ein unverschämter Kunstgriff, der ihm einen Tadel der *Times* eintrug. Seine kleine Stichelei gegen Dickens muss diesen geschmerzt haben. Lloyd warf dem Autor mit dem Händchen für populäre Stoffe auf gerissene Weise vor, seine Leser aus der Arbeiterklasse zu ignorieren – und Dickens war selbst so arm gewesen wie nur irgendeiner von ihnen. »Aufgrund seiner mittellosen Herkunft war Dickens immer von Geld besessen, und er erkannte, dass er nach Strich und Faden ausgenommen wurde«, so Professor Rohan McWilliam von der Anglia Ruskin University, Mitherausgeber eines Buches über Lloyd und dessen Einfluss auf die Populärkultur des neunzehnten Jahrhunderts. Genau davon war natürlich auch Prince überzeugt, und diese Überzeugung wurzelte möglicherweise in einem ähnlich steinernen Kindheitsboden.

Lloyd stieg schließlich aus dem Spiel mit den billigen Kopien aus und wurde Pressemogul, und es gibt Hinweise darauf, dass er sich für sein früheres schäbiges

Verhalten schämte. Doch man verging sich weiter an Dickens. Sobald die Romane erschienen, wurden sie in ganz England auf die Bühne gebracht – und da sie in Episodenform erschienen, mussten die Aufführenden im Hinblick auf das Ende (und teils auch auf die Mitte) sehr erfinderisch werden. Ende 1838 waren sechsundzwanzig verschiedene Bühnenadaptionen der *Pickwickier* im Umlauf, und Dickens verdiente an keiner davon auch nur einen Penny, weil er sie nicht selbst geschrieben hatte. Edward Stirling, der Blaubart der Literaturpiraten, ging als Erster ins Rennen; er brachte das Stück *The Pickwick Papers, or The Age in Which We Live* zur Aufführung, als erst zwölf der zwanzig Teile des Buches erschienen waren. Die Bühnenstücke waren überall – den ersten drei Romanen stehen schätzungsweise sechzig Theaterproduktionen entgegen. Einer der Kritiker aus dem zwanzigsten Jahrhundert beschrieb sie als »die Boz-Kaskade« und die »Dickens-Flut«. Wohin der Autor auch blickte, überall schienen Leute seinen Namen zu versilbern. Die Bühnenstücke machten Dickens wahnsinnig, besonders wenn sie angeschaut wurden, ehe die Bücher abgeschlossen waren. Sie seien »schlecht gemacht und noch schlechter gespielt«, schrieb er, und »neigten dazu, die Figuren zu vulgarisieren, die Eindrücke, die zu erschaffen ich mir zum Ziel gesetzt habe […], zu zerstören oder zu schwächen und letzten Endes das weitere Interesse an ihrem Fortgang zu schmälern.«

Zeugt die Theaterpiraterie in gewisser Weise schlicht von den Funktionsweisen der damaligen Populärkultur, so hatte die Veröffentlichung seiner Bücher aus heutiger Sicht deutlich mehr Ähnlichkeit mit unverhohlenem Diebstahl. Sie wurden ohne Dickens' Erlaubnis gedruckt, und sie waren rasend erfolgreich, und für die amerikanischen Verlage war es ein höchst zufriedenstellendes Arrangement – so zufriedenstellend, dass sie sich über Dickens' Einwand erregten, es könnte in irgendeiner Weise unrechtmäßig sein. Einer der Verlage bot ihm 25 Dollar an, »nicht als Wiedergutmachung, sondern als Mahnzeichen«, aber Dickens scheint verständlicherweise unbeeindruckt gewesen zu sein und setzte seinen Kampf fort.

Und es waren nicht nur die Verlage, die sich empörten. Als Dickens in Amerika öffentlich über Urheberrecht und Diebstahl geistigen Eigentums sprach – und als Bestsellerautor zog er überall große Massen an –, wendete sich auch die Presse gegen ihn. »Du musst damit aufhören, Charlie, sonst wirst du eingestampft«, schrieb eine Bostoner Zeitung. »Es riecht allzu sehr nach seinem Gewerbe – nämlich ranzig.« »Tatsächlich möchten wir in dieser Sache keine guten Ratschläge, und es wäre besser für Mr. Dickens, wenn er in Zukunft davon absähe, den Sachverhalt anzusprechen«, schrieb die *Hartford Times*. Man titulierte ihn verschiedentlich als »nichts weiter als ein geldgieriger Halunke«, »kein Gentleman« und »keinen Deut besser als ein John C. Colt«, der Bruder von Samuel Colt, der kurz zuvor einen Drucker mit der Axt erschlagen hatte. Diese letzte Anschuldigung erschien besonders ungerecht. Colt schuldete dem Drucker Geld, nicht umgekehrt, und Dickens hatte niemanden mit der

Axt oder sonst irgendeiner Waffe erschlagen. Er hatte bloß darauf hingewiesen, dass Autoren für ihre Arbeit bezahlt werden sollten. Damit war er doch sicherlich *ein bisschen* besser als John Colt? Offenbar nicht. Als Dickens den Einwand geltend machen wollte, eine angemessene Vergütung würde zur Entstehung einer amerikanischen Literatur beitragen, fiel die Antwort deutlich aus: »Wir wollen keine. Warum sollten wir dafür bezahlen, wenn wir es umsonst bekommen können? Unser Volk denkt nicht an Poesie, Sir. Dollar, Banken und Baumwolle sind unsere Bücher.«

Zu Lebzeiten war Dickens in Amerika Gegenstand eines einzigen Rechtsstreits, Shelton gegen Houghton von 1865. Die gegnerischen Parteien waren einmal Partner gewesen: Sie hatten sich zusammengetan, um eine einheitliche Ausgabe von Dickens' Werken zu veröffentlichen. Nach Ende der Zusammenarbeit stritten sie vor Gericht darum, wer das Buch weiter veröffentlichen dürfe. Es versteht sich von selbst, dass Dickens selbst nicht vor Gericht auftrat.

Bald darauf reiste Dickens noch einmal nach Amerika, zum letzten Mal in seinem Leben. In einer sonderbaren Vorwegnahme der Schlussfolgerung, zu der Prince gelangt war, absolvierte Dickens eine einträgliche Lesereise durch die nordöstlichen Staaten, sechsundsiebzig Termine in fünf Monaten. In England hatte er herausgefunden, dass ihm Auftritte vor Publikum mehr einbrachten als seine Bücher, also hatte er eine Bühnenshow entwickelt. Er las nicht unmittelbar aus den Büchern, er durchforstete sie eher nach dramatischen Szenen, die er dann verdichtete und adaptierte, »wobei das Augenmerk immer auf Pathos und Humor lag«, wie Claire Tomalin es formuliert. Er brachte seine größten Hits zur Aufführung, Auszüge aus *Eine Weihnachtsgeschichte* – mehr als die Hälfte der Lesungen bestand aus Weihnachtserzählungen –, *David Copperfield,* den *Pickwickiern.* Dem Vernehmen nach war er ein so herausragender wie beliebter Bühnenkünstler. »Man kommt unmöglich an Karten«, schrieb Henry James an seinen Bruder. »Am ersten Verkaufstag standen um 7 Uhr morgens zwei- oder dreihundert an der Kasse, und als ich um 9 hinüberschlenderte, waren es an die tausend.« Dickens nahm das damalige Äquivalent von einer Million Pfund ein. Er hatte es mit seiner Arbeit nicht ganz auf die Titelseite einer Zeitung geschafft, aber all die Raubdrucke hatten ihm eine riesige Anhängerschar eingetragen.

Das Gefühl, ausgenommen zu werden, machte Dickens vielleicht nicht ganz so verrückt wie Prince. Es waren keine Masken im Spiel, keine Namensänderungen, keine Anstalten zur Selbstsabotage. Aber es machte ihn sehr unglücklich. Oder zumindest machten ihn die Angriffe der amerikanischen Presse sehr unglücklich. »Ich schwöre bei Gott, die Bitterkeit und Entrüstung, die ich im Zuge jener unmenschlichen und unnachsichtigen Behandlung verspürte, hat mir ein Maß an Qual bereitet, wie ich es seit meiner Geburt nicht empfunden habe«, sagte er einem amerikanischen Freund.

»Wenn wir zur Probe kamen, war er oft außer sich vor Wut, weil er gerade mit Warner Bros. telefoniert hatte«, erzählte Prince' Schlagzeuger Michael Bland dem *Rolling-Stone*-Journalisten David Browne. »Und statt zu proben, ließ er sich zwei Stunden lang darüber aus. Er war so verzweifelt. Es warf ihn einfach aus der Bahn. Tag für Tag wussten wir nicht, was uns erwartete, wenn wir zur Probe kamen.« Dabei liebte Prince das Spielen, Aufnehmen, Auftreten und Musikmachen mehr als alles andere.

Man könnte an dieser Stelle sowohl an Prince als auch an Dickens die Frage richten: »Warum bist du nicht einfach glücklich? Es läuft doch großartig. Du gehörst zu den Erfolgreichsten auf deinem Gebiet. Du bist weltberühmt. Du hast jede Menge Geld. Du wirst noch mehr bekommen. Entspann dich doch.« Sie waren beide komplizierte Menschen, und auch wenn sich einige einfache Antworten auf diese Fragen finden lassen, liegt die Wurzel des Übels vielleicht irgendwo tief in ihrer Kindheit vergraben. Hier ist eine der einfachen Antworten: Künstler denken wie Freischaffende. Da ist immer die Angst vor dem Scheitern, das Gefühl, das nächste Buch oder die nächste Platte wird nicht nur floppen, sondern irgendwie alle anderen unlesbar oder unhörbar machen. Geschmäcker ändern sich. Du hast deinen Moment im Sonnenschein, und dann zieht die Sonne weiter und strahlt auf jemand anderen herab. Unsere Karrieren scheinen auf nichts zu gründen – auf Wörtern, Ideen, auf Sand –, und wir können uns den Sturz zurück auf die Erde nur allzu gut vorstellen, so wie man es nicht kann, wenn man Anwalt ist oder eine Fähigkeit beherrscht, von der man weiß, sie wird morgen, nächstes Jahr, bis zum Ende des eigenen Arbeitslebens noch gebraucht werden, wie Klempnerei oder Zahnmedizin. Es gibt schon zuhauf Bücher und Musik, Gemälde und Filme. Die Menschen kämen ohne noch weitere zurecht. Sie wären vielleicht sogar dankbar für die Unterbrechung dieses steten Stroms.

Und hier ist noch eine: Prince und Dickens verdienten beide viel Geld, aber sie hatten auch hohe Ausgaben. Paisley Park, Prince' privates Anwesen mit seinen Studios und dem schalldichten Bühnenraum, der Kostümgarderobe und dem vegan kochenden Küchenchef, kostete ihn laut seinem ehemaligen Manager Randy Phillips 2,5 Millionen Dollar im Monat. Er hatte auch eine nicht protzige, philanthropische Seite. Anhand von Steuerrückzahlungen lässt sich zeigen, dass er zwischen 2005 und 2007 1,5 Millionen Dollar spendete. (Mehr als die Hälfte davon ging an die Zeugen Jehovas, aber was soll's, es zählt trotzdem.) Dickens hatte seine zehn Kinder, neben seiner Frau noch eine Geliebte und deren Familie sowie einen nichtsnutzigen Vater, dem er ständig aus der Klemme helfen musste. Seine Brüder konnten nie für ihren eigenen Unterhalt sorgen. Er hatte elternlose Nichten und Neffen. Seine Söhne waren hoffnungslose Fälle, und nach der räumlichen Trennung von seiner Frau kümmerte sich seine Schwägerin um seinen Haushalt. Er gab Freunden und Angehörigen von Freunden Geld und unterstützte mehr als vierzig Wohltätigkeitsorganisationen durch Zeit oder Arbeit oder schlicht Geldgeschenke.

Und man muss sagen, dass sie beide mit den Fragen, die sie stellten, nachfolgenden Künstlergenerationen halfen. Wir finden das Verhalten von Dickens' amerikanischen Verlagen befremdlich und unerhört, weil er dazu beitrug, dass wir es so sehen, und schließlich wurde etwas dagegen unternommen.

Doch nur Künstler einer bestimmten Art werden von dem Gefühl verzehrt, übers Ohr gehauen zu werden, es sei denn, es sind tatsächlich Betrüger am Werk. Heute haben wir ein gewisses Bewusstsein dafür, dass Dickens durch die Amerikaner, die Bühnenstücke und die Plagiate ausgenommen wurde, aber das waren kulturelle Normen; Prince war vor allem wütend auf die Musikindustrie, weil sie tat, was jede Unterhaltungsindustrie immer schon getan hat, nämlich mehr Geld verdienen als die Künstler, die sie dem Publikum verkauft. Er war auch wütend darüber, dass er nicht so viel von seiner eigenen Musik veröffentlichen konnte, wie er wollte, wann immer er wollte, aber das war wirklich Irrsinn. Er war lange genug im Geschäft, um zu wissen, dass man Zeit, Ideen, einen Vertrieb und Geld braucht, um eine Platte anständig zu bewerben. Und ja, wie sich herausstellte, hatte man ihn bei dem 100-Millionen-Dollar-Deal über den Tisch gezogen – aber daran war er selbst nicht ganz unschuldig.

Ich weiß, dass ich im ganz kleinen Stil selbst zum Opfer von Piraterie geworden bin. Freunde sind von exotischen Fernost-Urlaubsreisen zurückgekehrt und haben schlechte Fotokopien meiner Bücher geschenkt, die sie an irgendeiner Strandbude gekauft hatten. Sätze von mir sind auf T-Shirts und Anstecker gedruckt, die niemand, der meine Interessen vertritt, hergestellt oder lizensiert hat. Ich finde das einfach nur lustig und irgendwie großartig. Bekäme ich Geld dafür, dann wäre es vermutlich eine dreistellige Summe, also eine andere Größenordnung als das, was ich eingebüßt hätte, hätten mich meine amerikanischen Verlage nicht bezahlt. Die Digitalisierung hat die Piraterie aufreizend einfach gemacht. Hätte Dickens vom Internet gewusst, es hätte ihn noch den letzten Rest Verstand gekostet.

Aber ich weiß, dass mir meine eigene Arbeit nicht gehört. Ich halte die Urheberrechte, aber die Werke habe ich gegen Geld an Verlage, Filmfirmen, Produzenten verkauft. Ihnen gehören sie. Das ist der Deal. Dadurch kann ich weiterarbeiten. Ich weiß, ich werde niemals mit dem Wort »SKLAVE« auf der Wange herumlaufen, weil ich durch den Verkauf meiner Werke ein großes Maß an Freiheit erworben habe. Ich kann entscheiden, was ich schreibe und wann ich es schreibe. Und etwas geschaffen zu haben, was jemand mit Geschäftssinn tatsächlich kaufen will, macht mich stolz: Es rückte die ganze heiße Luft zumindest in die ungefähre Nähe einer richtigen Arbeit.

Aber ich wurde auch nicht von meiner Mutter verlassen, und ich wurde als Kind nicht zum Arbeiten in eine Schuhpoliturfabrik geschickt. Weltruhm ist ohnehin nie gut für die geistige Gesundheit. Und nimmt man diese in

Armut aufgewachsenen Ikonen noch einmal in Augenschein, sieht man, dass einen das Trauma der Vergangenheit und die verwirrende Natur des Ruhms manchmal einholen. Marilyn starb mit Mitte dreißig, Billie Holiday und Elvis mit Anfang vierzig, Hendrix gehörte zum Club der Siebenundzwanzigjährigen, Marvin wurde von seinem Vater erschossen, das ultimative Beispiel dafür, dass man einer schwierigen Kindheit manchmal einfach nicht entkommt. Vielleicht waren die Qualen von Dickens und Prince ein vergleichsweise kleiner Preis, und sie kamen mit einigermaßen heiler Haut davon – zumindest eine Zeit lang.

FRAUEN

Die Frauen waren ihre Schwäche. Es ist ein solches Klischee, dass ich mich schäme, den Satz hinzuschreiben, aber er stimmt auf eine Weise, die über das Offensichtliche hinausgeht, auch wenn das Offensichtliche (offensichtlich) das Erste ist, was man sieht. Keiner von beiden führte eine funktionierende Ehe. Prince ging mit den ein-, zweitausend attraktivsten Frauen der Welt aus und heiratete zwei von ihnen. Keine der Ehen hatte Bestand, aber die erste mit der Tänzerin Mayte wurde sicherlich vom Verlust eines mit schwerer Behinderung geborenen Kindes in dessen ersten Lebenstagen beeinträchtigt. Dickens trennte sich von Catherine, mit der er zweiundzwanzig Jahre lang verheiratet war und zehn Kinder hatte, als er mit Mitte vierzig die achtzehnjährige Nelly Ternan kennenlernte.

Nichts davon ist sonderlich überraschend. Prince tat, was hinreißende Superstars oft tun, und Dickens' Verhalten war selbst im Viktorianischen England kaum beispiellos. (Selbst in seiner eigenen Familie war es schon vorgekommen: Zwei seiner Brüder, Fred und Augustus, hatten ihre Frauen verlassen.) Dickens' enger Freund Wilkie Collins lebte mit einer Mätresse zusammen. George Eliot teilte ihr Leben mit einem Mann, der seine Frau verlassen hatte – die wiederum vier Kinder mit einem anderen Mann hatte, dem Herausgeber des *Daily Telegraph*. Ehebruch war natürlich eine sehr ernste Angelegenheit und zog häufig Katastrophen und Scham nach sich, aber er kam vor, so wie er seit Anbeginn der Geschichte vorgekommen ist. Die ausgefalleneren Schwächen lagen anderswo.

Die von Prince waren weniger schwerwiegend, den Scharen von Frauen zum Trotz. Aber sie waren nicht minder verwunderlich. Gleich zu Beginn von Prince' Karriere, als er noch nahezu unbekannt war, verguckte er sich in eine Sängerin aus seiner Heimatstadt Minneapolis mit Namen Sue Ann Carwell. Er wollte ein Album für sie schreiben, es mit ihr einspielen und produzieren. Sie nahmen ein paar Sachen auf, aber es führte zu nichts, und letztlich machte sie das Album anderswo. Als Prince ihr irgendwann wieder über den Weg lief, sagte er ihr, das Album sei furchtbar – bis auf ihre Coverversion des großartigen »Company« von Rickie Lee Jones. Er war wütend – sie war ihm durch die Finger geschlüpft, und damit war sie seinerzeit die Einzige. Aber es ist typisch, dass sich sein Ärger kurz verflüchtigt, wenn er über ein tolles Lied spricht.

Das ist alles sehr princemäßig. Er wollte schon zu Anfang seiner Karriere Schützlinge, noch bevor er überhaupt eine Karriere hatte, die den Namen verdiente. Man sollte meinen, es wäre schwierig genug, mit achtzehn, neunzehn oder Anfang zwanzig im Musikbusiness Karriere zu machen, ohne sich um das Schicksal anderer zu kümmern, insbesondere anderer, die Zeit und Songs brauchten, als er beides gerade selbst benötigte. Aber andererseits kam er ja recht mühelos an Songs.

Und bald auch an Schützlinge. Er produzierte Platten für Vanity 6 und dann für Apollonia 6, als Vanity durch Apollonia ersetzt wurde. Und dann waren da noch Carmen Electra und Jill Jones und seine erste Frau Mayte Garcia und Elisa Fiorillo und Ingrid Chavez und Sheila E. und Martika und Bria Valente und Andy Allo (Andy ist eine Frau). Es lässt sich unmöglich sagen, mit wie vielen von ihnen er ein Verhältnis hatte – laut der Website *Fashion Quarterly*, die mich noch nie enttäuscht hat, mit so gut wie allen. Nur sehr wenige der Platten, die er mit diesen schönen jungen Frauen aufnahm, werden heute noch aufgelegt, und niemand scheint sie sonderlich zu vermissen.

»Er lernte ein Mädchen kennen und nahm es mit nach Paisley, und über Nacht spielten sie ein Doppelalbum ein«, sagte der ehemalige Manager Randy Phillips. »Am nächsten Tag war es fertig. Arnold [Stiefel, Co-Manager] nahm ihn zur Seite und sagte ihm: ›Hör auf, mit dem Schwanz auf Talentsuche zu gehen.‹« Zahlreiche Rockstars konnten junge Frauen verführen, ohne ein Dutzend Songs für sie schreiben und ein ganzes Album produzieren zu müssen, dieses Verfahren war also eine Eigenheit von ihm, und es scheint zu belegen – als hätte man das nicht aus Hunderten seiner Songtitel herauslesen können –, dass ihm Sex und der Schaffensprozess sehr wichtig waren. Wir kennen diesen Typus. Er konnte eine junge Frau nicht ansehen, ohne ihr den Schallpegel messen zu wollen.

Und dennoch scheinen seine beruflichen Beziehungen zu Frauen sowohl fruchtbar als auch von Respekt geprägt gewesen zu sein. Lisa Coleman und Wendy Melvoin leisteten unbezahlbare Beiträge zu The Revolution und den Bergen von Musik, die er in den 1980ern veröffentlichte. Sheila E. spielte noch Jahre nach ihrer Trennung von Prince Schlagzeug in seiner Band. Susan Rogers zählte zu den ganz wenigen weiblichen Toningenieuren in der Musikbranche, und sie wurde erst Toningenieurin, als sie ihm begegnete – er beförderte sie sehr rasch. Ihre Analyse seines scheinbar bahnbrechenden Feminismus fällt allerdings etwas enttäuschend aus: »Wollte man die Dinge auf seine eigene Art machen, arbeitete man besser nicht mit Prince zusammen – und man kann wohl getrost behaupten, dass Frauen eher bereit sind, einem Mann die Führung zu überlassen«, sagte sie dem *Guardian*. »Er hatte auch etwas für Außenseiter übrig und betrachtete sich selbst gern als einen.

Es gab nicht viele Toningenieurinnen, also war ich ein Sonderling, und er mochte Sonderlinge.« Aus irgendeinem Grund wollte er immer eine Frau in der Band haben, vielleicht war das dem Einfluss von Sly and the Family Stone geschuldet, und seine letzte Band 3rdeyegirl bestand ausschließlich aus Frauen. Es sah cool aus. »Er liebt Stimmen, er ist besessen von tollen Stimmen, von Talent«, sagte die Sängerin Mica Paris unmittelbar nach seinem Tod im Gespräch mit dem *Guardian*. »Und er liebt Frauen, und das meine ich gar nicht unbedingt in sexueller Hinsicht – ich meine, offensichtlich hat er einen Sinn für Schönheit –, aber er war verrückt nach Talent. Man muss nur einmal an die ganzen Musikerinnen denken, denen er zum Durchbruch verholfen hat und die ohne ihn wahrscheinlich nie eine Chance bekommen hätten.«[8]

Er liebte auch die Musik von Frauen. Joni Mitchell erinnert sich, wie er in sehr jungen Jahren zu einem ihrer Auftritte kam: »Prince war bei einem meiner Konzerte in Minnesota. Ich weiß noch, dass ich ihn in der ersten Reihe sitzen sah. […] Er muss um die fünfzehn gewesen sein. Er saß auf einem Platz am Gang, und er hatte ungewöhnlich große Augen«, sagte sie. Konnte es wirklich

---

8   Die eigensinnigen Tempusformen hier verdeutlichen unser aller Gefühle einem Künstler gegenüber, den wir lieben und bewundern. Ist Prince noch da, oder ist er es nicht? Ist er brillant, oder war er es? Live war er brillant. In meinem Wohnzimmer ist er brillant.

sein, dass sie sich an ihn erinnerte, obwohl er damals noch nicht Prince war? Aber andererseits: Wie viele afroamerikanische Teenager gingen Ende der Siebziger schon auf ein Konzert von Joni? Er nahm eine atemberaubende Coverversion von »A Case of You« auf und kaufte noch wenige Tage vor seinem Tod ihr Album *Hejira* in einem Plattenladen in Minnesota. Außerdem schenkte er Lisa Coleman zu deren einundzwanzigstem Geburtstag Joni – kein Album, sondern die Künstlerin selbst, die auf Prince' Bitten vorbeikam, um Lisa zu gratulieren. Er liebte Kate Bush, und sie nahmen zusammen einen Song auf. Er versuchte die Cocteau Twins unter Vertrag zu nehmen, deren Sound von Liz Frasers überirdischer Stimme geprägt war. Die träumerische, leise, dem Folk zugetane Seite von Prince bedurfte offenbar ebenso einer weiblichen Muse wie die laszive Seite. Er versuchte auch, das Fremdkapital an künstlerischem Einfluss zurückzuzahlen. Er machte zwei Platten mit Mavis Staples, als sich sonst niemand mehr für sie interessierte, und eine weitere mit Chaka Khan. Und er lieferte Hits für Khan (»I Feel for You«), die Bangles (»Manic Monday«) und Sinéad O'Connor (»Nothing Compares 2 U«).

O'Connor ist es auch, die in ihren in Buchform veröffentlichten Erinnerungen und einer Reihe von Interviews anlässlich der Buchveröffentlichung einen der bis dato einzigen ernsthaften Vorwürfe missbräuchlichen Verhaltens geäußert hat. Sie sagte, Prince sei »mit dem Teufel im Bund« gewesen, die Regenbogenhäute in seinen Augen seien verschwunden, wenn sie mit ihm sprach, bei einer Kissenschlacht habe er etwas Hartes in sein Kissen gesteckt, und er sei wütend auf sie gewesen, weil er es nicht mochte, wenn seine Songs gecovert wurden. (Was die Bangles, Chaka Khan, die Pointer Sisters, Alicia Keys, die Be Good Tanyas, Sheena Easton, Mariah Carey und buchstäblich Hunderte anderer vielleicht überraschen wird, mit denen er freundschaftliche Beziehungen aufrechterhielt, noch lange nachdem sie sich entschieden hatten, einen seiner Songs zu singen – oder in einigen Fällen von Prince selbst einen bekommen hatten.) Eine Ex-Freundin namens Charlene Friend versuchte ihn Anfang des einundzwanzigsten Jahrhunderts wegen Verleumdung und seelischer Grausamkeit zu verklagen, aber das Verfahren wurde eingestellt. Friend sagte der Presse, Prince halte sich »für den Messias«, was zumindest darauf schließen lässt, dass sie sich nicht mit O'Connor abgesprochen hatte. Angesichts der Schwierigkeiten, in die höchst anziehende und sexuell hyperaktive Superstars mitunter geraten können, erscheint mir sein Strafregister erstaunlich kurz.

Ich hatte mich vor der Niederschrift nie ernsthaft mit Prince' Liebesleben auseinandergesetzt. Ich wusste von seinen Ehefrauen, von Sheila E., von Kim Basinger, kannte darüber hinaus aber nur sehr wenige Namen. Und ich war irgendwie davon ausgegangen, dass es entsprechende Enthüllungen von Männern und Frauen geben würde, aber auf Ersteres konnte ich keine Hinweise finden. Er gehörte zur vergleichsweise seltenen Spezies der androgynen Heterosexuellen. »Prince war offiziell nicht schwul«, schrieb der Kritiker Wesley Morris in einem scharfsinnigen Artikel in der *New York Times*. »Aber war er hetero? Auf *Controversy* stellt er die rhetorische Frage: ›Am I straight or gay?‹ […] Und dennoch schien es nie eine Rolle zu spielen. Auch nachdem er seinen Namen in das Symbol aus dem sein weibliches Gegenstück überlagernden Männlichkeitszeichen geändert hatte, war er stets einfach nur *Prince*.«

In dem Song »I Will Die 4 U«, der, wie wir uns ins Gedächtnis rufen sollten, 1984 erschien, sagt Prince, er sei weder Frau noch Mann. Er hatte nur halb recht, als er anfügte, wir würden das niemals verstehen. Die meisten von uns verstanden es seinerzeit nicht. Aber es stellte sich heraus, dass Prince' Sexualität aus der Zukunft kam, und irgendwann schafften wir es dorthin – selbst einer wie ich, der in einer Zeit aufwuchs, in der homophobe Witze den Stoff für abendliche Massenunterhaltung abgaben. Die jungen Leute erklären uns das Ganze, und es ist hochinteressant. *Natürlich* ist Gender nicht binär, ein Spektrum anstelle zweier Pole. Irgendwie haben wir es immer gewusst, weil im Laufe der Geschichte immer wieder Kulturen und Individuen als Beispiele für nicht binäre Handlungsweisen dienten.

Die samoanischen *Fa'afafine,* die sich als drittes Geschlecht begreifen, sind sowohl feminin als auch ausgesprochen maskulin, wann immer ihnen danach ist. Wer die hervorragende Dokumentation *Next Goal Wins* über den Versuch von Amerikanisch-Samoa gesehen hat, sich für die Fußballweltmeisterschaft zu qualifizieren, der weiß, dass zu der äußerst maskulinen Seite ihres Wesens gehören kann, im zentralen Mittelfeld zu spielen und die Gegner gnadenlos umzuharken, um dann wiederum abseits des Spielfelds einfach hinreißend auszusehen. Der als Public Universal Friend bekannte amerikanische Evangelist (1752 als Jemima Wilkinson geboren) weigerte sich, geschlechtsspezifische Pronomen zu verwenden, predigte aber zugleich Enthaltsamkeit, ist also vielleicht nicht ganz die richtige Wahl, um Prince' Sexualität zu erörtern. (Ich sehe erfreut, dass es auf Spotify völlig zu Recht eine Band namens Public Universal Friend gibt.) Es gibt unzählige Beispiele über Hunderte, wahrscheinlich Tausende von Jahren hinweg, und wir haben sie stets als Spinner und Sonderlinge abgestempelt, ohne je zu vermuten, dass sie uns wie Prince verdeutlichten, wohin die Reise ging.

»Lisa und ich kannten uns schon als Jugendliche. Wir waren beide angehende Lesben, und mit sechzehn verliebten wir uns ineinander«, sagte Wendy Melvoin dem *Rolling Stone* in einem Interview nach Prince' Tod. »Und zwei Jahre später drehten sie dann das Video zu ›Sexuality‹. Ich sah Prince den Schlussteil spielen. Ich stand mitten im Raum, und während ich ihm zusah, verliebte ich mich Hals über Kopf in diesen Typen. Ich konnte einfach nicht glauben, dass all das in ihm steckte und er es zu 100 Prozent lebte.«

Also ja, Prince war ein heterosexueller Mann, der Frauen liebte, aber er war wie ein Angehöriger des sexuellen Staatsdienstes: Seine persönlichen Ansichten blieben persönlich und beeinträchtigten ihn (zumindest bis zu den Jahren bei den Zeugen Jehovas) nicht bei der Ausübung dessen, was er als seine Arbeit betrachtete – nämlich Sex zu verkörpern, auf der Bühne und auf Platte, und was auch immer Sex für uns als Zuhörer bedeutete, ihm war es recht.

*

Das eigentliche Fiasko richtete Dickens in seiner Ehe ganz am Ende an, und zwar weil er entweder wusste, dass er als anständiger Mann galt – als Gesellschaftsreformer, als Schriftsteller, in dessen Büchern Liebe und Sympathie für die Armen und Verachtung für die Reichen und Korrupten zum Ausdruck kamen –, oder weil er selbst begonnen hatte, sich so zu betrachten. Als Gerüchte über sein Privatleben in Umlauf gerieten, schien er mit der Missbilligung nicht umgehen zu können, und er schlug mehr als einmal auf verhängnisvolle Weise um sich. Es gibt in Dickens' Leben viele Momente, in denen man bedauert, dass er nicht über die gleichen Ressourcen und Schutzmechanismen verfügte wie heutige Prominente. Hollywood-Agenten hätten an der Piraterie und den Plagiaten beispielsweise ihre Freude gehabt. Und in jenem Augenblick hätte er dringend einen PR-Berater benötigt, jemanden, der die Berichterstattung unterbinden oder sie zum Vorteil seines Klienten drehen kann. Und dieser Berater hätte ihm als Erstes gesagt: »Schreib bloß keinen weinerlichen Brief über dein Privatleben und gib ihn der *Times*.«

Doch genau das tat Dickens. Am Tag nach dem Abdruck in der *Times* erschien der Brief in Dickens' eigener Zeitschrift *Household Words*. »Auf Grundlage von Boshaftigkeit oder Narrheit oder undenkbar unwahrscheinlichen Umständen«, schrieb er, »wurde dieses Ärgernis zum Anlass für höchst falsche, höchst monströse und höchst grausame Verdrehungen – nicht nur mich, sondern auch unschuldige Menschen betreffend, die mir am Herzen liegen.«

Und tatsächlich kreisten die Gerüchte nicht um eine, sondern um mehrere Personen. Neben Nelly Ternan sollte Dickens auch seiner unverheirateten Schwägerin Georgina Hogarth unschicklich nahgekommen sein. Einem anderen Dickens-Biografen, Peter Ackroyd, zufolge wurde sie zum Arzt spediert, um zu überprüfen, ob sie noch *virgo intacta* war. (War sie.)

Die meisten Menschen, die durch ihre Kunst berühmt geworden sind, neigen dazu, ihre tatsächliche Berühmtheit zu überschätzen, es sei denn, sie spielen in einer Seifenoper mit oder sind echte Filmstars. Hat man als Schriftsteller das Glück gehabt, in England eine halbe Million Taschenbücher zu verkaufen, dann heißt das, dass etwa neunundvierzigeinhalb Millionen erwachsene Engländer es nicht gekauft haben. Einige von ihnen leihen sich vielleicht ein Exemplar in der Bibliothek oder von einem Freund, aber die überwältigende Mehrheit wird kein Interesse daran haben, es zu kaufen oder zu lesen.

Ein berühmter Schriftsteller zu sein, ist nicht ganz das Gleiche, wie berühmt zu sein. Dickens war ein sehr berühmter Schriftsteller, so berühmt, wie es fast keiner seither gewesen ist. Aber niemand wusste von dem Schlachtfeld hinter seiner Haustür: Trennwände im ehelichen Schlafzimmer, Kinder, die sich zwischen ihren Eltern entscheiden mussten. Er beging den grundlegenden Fehler eines berühmten Schriftstellers, nämlich zu glauben, die Öffentlichkeit müsse davon gewusst haben, weil das gesamte literarische London darüber sprach – die städtische Elite, wie man sie heute kennt und auch seinerzeit schon kannte. Nachdem er jedoch in der Zeitung darüber geschrieben hatte, wussten es tatsächlich alle. Er buchstabierte nicht aus, was vor sich ging. Er spielte nur wütend und sorgenvoll auf Vorfälle, Reaktionen und schlechte Verhaltensweisen an, die er für allgemein bekannt hielt – was jeder Zeitung und Zeitschrift freie Hand gab auszubuchstabieren, was ihrer Einschätzung nach vor sich ging, einfach als Dienstleistung für die Leser. Die Zeitung *Reynolds's Weekly* lieferte ein repräsentatives Beispiel für die allgemeine Abscheu (und Anzüglichkeit) in Gestalt eines Leitartikels, in dem stand: »Die Namen einer Verwandten und einer jungen Schauspielerin waren zuletzt so eng mit jenem von Mr. Dickens verbunden, dass es auch in jenen Argwohn und Überraschung auslöste, denen der beliebte Romancier bislang als ein regelrechter Ausbund an Moral, Keuschheit und Anstand galt.« Dickens wurde offenbar mit jedem Jahr dünnhäutiger, und er reagierte wütend.

Er erzählte seinen Freunden, wie übel ihm seine Frau und seine Schwiegermutter mitgespielt hatten, und zollten ihm diese Freunde nicht genügend Mitgefühl, kam es zu Zerwürfnissen und Verstimmungen. Seine Freundschaft zu Thackeray erlitt nicht wiedergutzumachenden Schaden, und der heute berüchtigte Brief trug ihm die schlechtesten Kritiken seiner Laufbahn vonseiten seiner Kollegen ein, wobei die Missbilligung größtenteils nicht öffentlich zum Ausdruck gebracht wurde. All das hatte einen Preis, doch es war nicht der Schriftsteller Dickens, der ihn zu zahlen hatte. Die Trennung vollzog sich im Jahr 1858; von 1859 an schrieb er zwei Romane in zweieinhalb Jahren. Der erste war *Eine Geschichte aus zwei Städten* und der zweite *Große Erwartungen*.

Was aber brachte einen berühmten Schriftsteller von Mitte/Ende vierzig dazu, sich in die achtzehnjährige Nelly Ternan zu verlieben? Er war vorbelastet: Lange vorher, als er um die dreißig war, hatte er schon einmal für eine Achtzehnjährige geschwärmt, eine junge Frau, die offenbar Ähnlichkeit mit Mary hatte, der Schwester seiner Frau, die mit siebzehn Jahren gestorben war, ein Tod, der Dickens niedergeschmettert und in so tiefe Trauer gestürzt hatte – Peter Ackroyd beschreibt es als »die mächtigste Empfindung von Verlust und Schmerz, die ihm je zuteilwerden sollte [...] und die sich fast bis zur Hysterie steigerte« –, dass man sich fragen muss, was sie für ihn bedeutete. Natürlich sind wir alle unseren Schwägerinnen sehr zugetan, aber in Anbetracht der Tatsache, dass Dickens der Tod seiner Eltern und zwei seiner eigenen Kinder noch bevorstand, mutet das seltsam an. Ackroyd glaubt, dass seine Frau »nun die Erwachsenenwelt voller Verantwortung und Arbeit verkörperte«, wohingegen Mary in seinen Augen »jung, schön und gut« gewesen sei. Diese drei Wörter ließ er in ihren Grabstein eingravieren, und mit diesen drei Wörtern beschrieb er Rose Maylie (in *Oliver Twist*), Klein Nell und Florence Dombey. Er bezeichnete Christiana Weller, die Achtzehnjährige, in der viele eine Ähnlichkeit zu Mary erkannten, als »zu gut«, als »spirituelles junges Wesen, das sie ist, und zu einem frühen Tod verurteilt, wie ich fürchte«. (Sie starb 1910 im Alter von fünfundachtzig Jahren.) Was auch immer hier vorgeht, es scheint nicht sonderlich gesund zu sein, und die Vermischung sexueller Gefühle mit einer Art Sehnsucht nach der Unschuld der Kindheit erinnert nicht an Prince, sondern an Michael Jackson.

Seiner schriftstellerischen Arbeit war es ganz sicher nicht förderlich. Attraktive junge Frauen waren seine Schwäche: Er bekam sie einfach nicht hin. Die älteren Frauen in seinen Texten, viele davon grotesk und karikaturesk, zählen zu den eindrücklichsten in der gesamten Literatur: Mrs Gamp, Madame Defarge, Betsey Trotwood, Peggotty. Miss Havisham und Mrs Jellyby haben sich aus ihren Romanen befreit und Einzug in die Alltagssprache gehalten. Aber die jungen romantischen Hauptfiguren neigen dazu, unverbesserliche Nulpen zu sein. Esther Summerson, die die Hälfte von *Bleak House* erzählt, ist eine Nulpe. Lucie Manette in *Eine Geschichte von zwei Städten* ist eine Nulpe. Dora Spenlow aus *David Copperfield* ist eine solche Nulpe, dass es David vorbestimmt zu sein scheint, sie wegen ihrer Nulpenhaftigkeit zu verlassen, aber bequemerweise stirbt sie vorher.

Dora ist vielleicht die interessanteste, nicht nur weil *David Copperfield* Dickens' autobiografischster Roman ist und man nicht anders kann, als an seine Ehe mit Catherine zu denken, sondern auch weil er ihr quasi in den Rücken fällt – er erfindet die Art von Kindfrau, der man im wahren Leben nicht begegnet, nur in einem Dickens-Roman, und macht sie dann nieder. Man hat den Verdacht, dass ihn nicht mangelndes Können davon abhielt, eine vielschichtige, authentisch wirkende Ingenue zu erfinden; es war etwas tief in ihm Aufgestautes, etwas, was ihn überflutete, als Mary Hogarth starb, und er schien den Kopf nie wieder über Wasser zu bekommen. Dickens brauchte neben einem Hollywood-Agenten und einem Medienberater noch einen weiteren Fachmann: einen Therapeuten.

DAS ENDE

In den 2010er-Jahren, den letzten von Prince' Leben und damit auch seiner Musikkarriere, lebten wir in Hülle und Fülle. Wer irgendeinen Streamingservice abonnierte, konnte mit einem Mal nahezu sämtliche Musik hören, die je gemacht worden war, und wer von uns an einer lebenslangen Abhängigkeit litt, wurde plötzlich kribbelig. Ich konnte eine Albumkritik lesen und das Album auf der Stelle hören, buchstäblich umsonst, aber natürlich hörte ich mir nicht alles an – ich hörte das erste Stück, die ersten paar Takte, und begann mich umgehend zu fragen, ob mich die Kritik *unter* derjenigen, die ich gerade gelesen hatte, wohl zu einer besseren, ergiebigeren oder moderneren Hörerfahrung führen würde. Und dann war da noch die unvermittelte Verfügbarkeit all der vergessenen Sachen aus meiner Kindheit und der Sachen, die ich auf Platte besessen und verkauft hatte, und der coolen alten Sachen, die ich immer hatte hören wollen, für die ich aber damals nicht die Zeit oder das Geld gehabt hatte, und die unvermittelte Möglichkeit, das Gesamtwerk von Künstlern zu erforschen, die ich erst kürzlich entdeckt hatte ... (Unterstützt und angestiftet von Spotify, entwickelte ich eine Liebe zu Duke Ellington und Count Basie, deren Output zwischen den 1920ern und den 1970ern ausreicht, um jeden Musikhörer über Monate hinweg zu beschäftigen.) Das waren die Verhältnisse, in denen Prince beschloss, ein Album nach dem anderen herauszuhauen. Es war sehr leicht, es ist nach wie vor sehr leicht, den Überblick über einen persönlichen Lieblingskünstler zu verlieren, insbesondere wenn aus diesem Lieblingskünstler Songs sprudeln wie Wasser aus dem Hahn und er nicht mehr die mediale Aufmerksamkeit erhält, die ihm vorher zuteilwurde. Das letzte zu Prince' Lebzeiten veröffentlichte Album, *Hit n Run Phase Two,* wurde von den Kritikern genauso aufgenommen wie die meisten Alben von den 1990ern an. In der ersten Rezension auf Google heißt es: »Es könnte Prince' bestes Album seit einem oder zwei Jahrzehnten sein«; in der nächsten steht: »Es ist ein enttäuschender Neuzugang in [...] Prince' Gesamtwerk.«

Das ist sehr vielen Künstlern widerfahren, insbesondere älteren Künstlern, insbesondere im Laufe des vergangenen Jahrzehnts, des *Jahrzehnts der Überfülle,* aber unglaublicherweise passierte es auch Dickens. Es gibt einen Satz in Claire Tomalins Biografie, der mich dazu brachte, innezuhalten und ihn noch einmal zu lesen. »*Bleak House* wurde von den bedeutenden Kritikern bei *Edinburgh*, *Quarterly* und *Saturday* ignoriert.« ... Moment mal. *Bleak House*? Das Buch, das mir Dickens' Größe zum ersten Mal vor Augen geführt hat? Das Buch, das seit mindestens eindreiviertel Jahrhunderten gelesen und immer wieder gelesen wird? Jarndyce gegen Jarndyce, der sprichwörtlich gewordene fiktionale Gerichtsprozess? Das Buch, aus dem im einundzwanzigsten Jahrhundert die vielleicht beste der Literaturverfilmungen wurde, das fünfzehnteilige BBC-Drama aus der Feder von Andrew Davies mit Gillian Anderson, Johnny Vegas, Carey Mulligan und Charles Dance mit fünf bis sieben Millionen Zuschauern? Das Buch, das der Kritiker und Schriftsteller Philip Hensher (in einem Artikel für den *Guardian* mit der Überschrift »You'll Never Catch Me Watching It« pünktlich zur Ausstrahlung der Fernsehserie) als den »größten englischsprachigen Roman« bezeichnete? Dickens bekam für *Bleak House* keine Besprechungen? Wirklich?

Hensher zitiert in seinem Artikel einen Journalisten vom *Daily Telegraph,* der ein unfreiwillig komisches Beispiel für den Ablauf des ganzen Rezensionsprozesses liefert. »Denjenigen, die sich durch die 1088 Seiten von Charles Dickens' Roman *Bleak House* gepflügt haben«, schrieb der Journalist, »mag das Buch als eher unpassender Kandidat für eine Umsetzung als volksnahes Drama erscheinen.« *Aaah! Mein Gott noch mal! Es war durch und durch »volksnah«! Darum wurde es von den hochnäsigeren*

Literaturzeitschriften ja nicht besprochen! Es wurde in zwanzig Teilen veröffentlicht, und jedes Heft wurde von vierzigtausend Lesern gekauft. »Dickens sprach zum Volk, und das Volk reagierte und begriff, dass *Bleak House* zu seinen größten Büchern zählt«, schreibt Tomalin. Wie lustig, dass es sich durch sein Fortleben – und offenbar durch seine Länge – so viele Jahre später vom Volk entfernt hat und zumindest vom *Daily Telegraph* als das Gegenteil von Volksnähe hochgehalten wird. Das unabänderliche Gesetz der Kultur: Wenn etwas Populäres überdauert, wird es auf irgendeine Art zum Eigentum der gebildeten Elite. Mit Shakespeare lief es genauso.[9]

9 Mit dem höchsten Tempo verlief diese Reise – *de bas en haut* und zurück – im Jahr 2021, als der Richter Timothy Spencer einen einundzwanzigjährigen weißen Rassisten namens Ben John dazu verurteilte, *Eine Geschichte aus zwei Städten*, *Stolz und Vorurteil* und andere Werke der klassischen Literatur zu lesen. John wurde später erneut vorgeladen und geprüft. (Die Ergebnisse sind bei Drucklegung nicht bekannt, wobei einige Kommentatoren meinen, die Strafe sei zu milde für einen jungen Mann, der 67 788 Dokumente mit zu großen Teilen antisemitischem Inhalt und Anleitungen für den Bau einer Bombe heruntergeladen hat.) Es gab eine Zeit, um 1859 herum, da wäre jeder des Lesens mächtige Kriminelle begeistert gewesen, ein Exemplar von *Eine Geschichte aus zwei Städten* in die Finger zu kriegen, weshalb auch kein Richter diese Strafe verhängt hätte. Dickens machte einfach zu viel Spaß. Heute gilt ein romantischer Spannungsroman über die Französische Revolution als »bildend«, und ihm wird die mystische

Dickens war vierzig, als er mit der Arbeit an *Bleak House* begann, und es sollten noch viele weitere große Bücher folgen, aber es fühlte sich ein wenig an, als entwickelte er sich zum Propheten, der im eigenen Land nichts galt. Das letzte Buch, das er fertiggestellt hatte, *Unser gemeinsamer Freund,* wurde von Henry James in einer Rezension niedergemacht: »Es wäre nach unserem Dafürhalten ein Vergehen wider die Menschheit, Mr Dickens einen Platz unter den größten Romanciers zuzuweisen […] Er hat nichts zu unserem Verständnis des menschlichen Charakters beigetragen.« (Wie läuft's denn für dich so im einundzwanzigsten Jahrhundert, Henry?) Niemand mochte *Eine Geschichte aus zwei Städten,* abgesehen von weiten Teilen der lesenden Bevölkerung Englands und Amerikas, und auch *Klein Dorrit* hätte auf der Website Rotten Tomatoes ziemlich grün ausgesehen. Nur *Große Erwartungen,* das als Rückkehr zu den früheren, lustigeren Werken betrachtet wurde, stieß annähernd auf die Bewunderung, die jenes letzte halbe Dutzend Romane verdient, wie die Geschichte gezeigt hat.

Doch die Sucht nach Arbeit hielt bei unseren beiden Protagonisten an. Wir wissen, dass Prince nach einem Konzert am liebsten noch ein Konzert spielte. Manchmal

---

Macht zugeschrieben, die Seelen weißer Rassisten zu retten. Es bedürfte noch eines ganzen Buches, um die Stumpfheit, den Snobismus (*Harry Potter* und Lee Child wären doch gewiss nicht minder geeignet) und die Verwirrung Richter Timothy Spencers zu beleuchten.

wurden sie im Voraus angekündigt, manchmal verbreitete sich der Veranstaltungsort per Mundpropaganda, manchmal tauchte er gegen Mitternacht auf, manchmal um drei Uhr morgens. Zu Beginn seiner Laufbahn fragte er während einer vierzig Konzerte umspannenden Tournee die bei einer Verbindungsparty im Holiday Inn von Charlotte spielende Kapelle, ob er in der Pause mit seiner Band auftreten könne. (Die Erlaubnis wurde erteilt.) »Wenn Prince in deiner Stadt auftrat, hörtest du dich nach Neuigkeiten um«, schrieb der langjährige Fan Ben Greenman in seinem Buch *Dig If You Will the Picture: Funk, Sex, God and Genius in the Music of Prince*. »Die Leute fingen an zu tuscheln. Vielleicht würde irgendein Club in der Stadt die geplante Tanzparty zugunsten einer ›Sonderveranstaltung‹ absagen oder eine andere Party mit einem auffällig unauffälligen Namen (›Celebration of Music‹) ansetzen.«[10] Wie Greenman aufzeigt, verhinderten Beleuchtungspläne und Choreografien, dass die »richtigen« Konzerte allzu spontan ausfielen. Bei den Aftershows dagegen konnte

---

10 Der BBC-Journalist Nick Robinson entschied sich, seinen neununddreißigsten Geburtstag auf einer Discoparty mit Siebzigerjahremotto an einem unscheinbaren Veranstaltungsort mitten in einem Einkaufszentrum im Nordlondoner Islington zu feiern. Als er mit seinen Gästen eintraf, teilte ihnen der Türsteher mit, die Discoparty finde nicht statt, und bot an, ihnen das Eintrittsgeld zurückzuerstatten. Sie gingen trotzdem hinein und bekamen ein ganzes Konzert von Prince samt Band zu hören.

man in jedem Augenblick jeden Prince-Song oder jeden Song irgendeines Künstlers hören: »I'll Take You There« von den Staples, »Spanish Castle Magic« von Hendrix, Sly Stone, Al Green, die Stones, Lenny Kravitz, Santana, die Meters, Creedence Clearwater Revival, Miles Davis, Chuck Berry, die Commodores, jede Menge James Brown, Joni Mitchell, ein historischer Überblick über alles, was er jemals geliebt hatte. Diese Auftritte – und wie gesagt, es handelte sich um Konzerte *nach* dem eigentlichen Konzert – dauerten regelmäßig zwei oder drei Stunden. Hat irgendwer sich schon einmal so laut und deutlich zu seiner Kunst bekannt? Alle Musiker spielen gern live, aber es gibt nicht allzu viele, die noch einmal stundenlang live spielen wollen, nachdem sie gerade erst live gespielt haben. »Wir gaben ein Konzert, und dann wollte er uns morgens um zwei in irgendeinem Club sehen«, sagte Elisa Fiorillo, die zu seinen Schützlingen gehörte und eine Zeit lang in seiner Band spielte. »Diese Aftershows gingen oft bis morgens um sechs. Im Publikum wurden Sprechgesänge angestimmt: ›Sechs Uhr morgens!‹ Meine armen Füße!«[11]

---

11 Fiorillo nahm in den späten '80ern und frühen '90ern ein paar Soloalben in Paisley Park auf, steuerte Hintergrundgesang zu einigen Prince-Alben bei und stieg dann ganz aus der Musikbranche aus. Sie war im Immobiliengeschäft tätig, als Prince sie im Jahr 2009 anrief, nachdem er sie in einigen YouTube-Videos hatte singen sehen, und ihr anbot, sich seiner Band anzuschließen. Ein so verschlungener Weg auf die Bühne war wohl nur in Prince' Welt möglich.

Ich war nie auf einer dieser Aftershows, auch wenn ich Aufnahmen von mehreren gehört habe. Ich hatte es immer vor. Ich dachte, es hätte noch Zeit.

Aber Zeit war für beide von ihnen ein knappes Gut. Sie erinnern sich vielleicht, dass beide keine sechzig Jahre alt wurden, und die gängige Meinung wäre vermutlich, dass die verlorenen Jahre in ihre tatsächliche Lebenszeit hineingequetscht wurden, aber das »zusätzliche« Werk war voller Vitalität und Wildheit – es gab keine späte Schaffensphase der elegischen Rückschau. So wie manche Fußballer, die mit fünfzehn, sechzehn zu spielen anfangen, jenseits der dreißig keine große Laufbahn mehr haben, wirkt es von hier aus betrachtet, als hätte allein die Menge des Schreibens, Aufnehmens und Spielens ein hohes Alter unmöglich gemacht.

Dickens' Romane umfassen insgesamt um die vier Millionen Wörter. Ich bin sechs Jahre älter als er zum Zeitpunkt seines Todes, und ich habe es bislang wohl auf keine siebenhundertfünfzigtausend Wörter gebracht. Und ja, in den letzten Jahren habe ich mehr Drehbücher als Bücher geschrieben, aber Drehbücher sind nicht sehr wortreich. Für Dickens jedoch waren die Romane nur ein Teil des Jobs. Zunächst einmal waren da noch die Briefe: Er erhielt zwischen sechzig und achtzig am Tag und beantwortete die meisten davon persönlich. Man sieht die von Graham Storey in der Oxford University Press herausgegebene zwölfbändige Ausgabe und denkt: Ja, das ist kein übles Lebenswerk. Band 12 umfasst 842 Seiten. Band 6 hat 936, Band 7 hat 1004 Seiten. Bei

Erscheinen der jüngsten Ausgabe im Jahr 2002 waren es vierzehntausend Briefe, aber neu entdeckte – pro Jahr tauchen um die zwanzig auf – werden auf der Website des Charles Dickens Letters Project hochgeladen. Sie sind offensichtlich eine literarische Quelle von unschätzbarem Wert, aber sie dienen auch als bestmöglicher Ersatz für eine Autobiografie, und viele von ihnen sind großartig – lustig oder wütend oder beides.

Aber es waren nicht nur die Briefe und die Romane. Da gab es auch noch die journalistischen Arbeiten, die bis ins Jahr seines Todes reichen. Bei Penguin ist eine *Auswahl* der zwischen 1850 und 1870 verfassten Artikel erschienen – die zwei Jahrzehnte, in denen er sechs vollständige Romane schrieb, drei davon jeweils mehr als dreihunderttausend Wörter stark, und dieses Buch umfasst über siebenhundert Seiten. Aber es waren nicht nur die Briefe, die Romane und die journalistischen Arbeiten. Da waren auch noch seine herausgeberische Tätigkeit und die Ausschüsse, denen er angehörte, und natürlich die anstrengenden Lesungen, bei denen er nach den dramatischeren Darbietungen regelmäßig auf dem Boden lag. Claire Tomalin teilt uns mit, dass sein kompliziertes Liebesleben »mindestens achtundsechzig« Reisen nach Frankreich zwischen 1862 und 1865 beinhaltete.

Wenn Robert Douglas-Fairhurst in *The Turning Point* über Dickens' Aktivitäten im Frühjahr 1851 schreibt, könnte man ihn ohne Weiteres für einen Schauspieler und Intendanten oder einen Gesellschaftsreformer halten. Er hatte sich eine Traumrolle in dem Stück *Not So*

Bad as We Seem seines Freundes Bulwer-Lytton gesichert, das im April in einer Galaaufführung im Devonshire House auf die Bühne kam; er übte mindestens fünf Stunden am Tag und drillte seine Amateurschauspieltruppe manchmal bis in die frühen Morgenstunden. In der Zwischenzeit bedurften »Zimmermänner, Bühnenmaler, Schneider, Stiefelmacher, Musiker, alle Arten von Leuten unausgesetzter Aufmerksamkeit«. Aber Aufmerksamkeit bedurfte man auch andernorts, im Urania College, einem Heim für gefallene Frauen, zu dessen finanzieller Unterstützung er seine wohlhabende Freundin Angela Burdett-Coutts hatte überreden können. Er hatte für die Mädchen einen Prolog geschrieben, der ihnen bei der Ankunft vorgelesen wurde, und sie trugen von ihm ausgewählte Kostüme. Er hatte ihren Zeitplan gestaltet, er warb sie an, er kannte ihre Namen und ihre Erfolge und Fehlschläge. (Ob Sie es glauben oder nicht, Urania Cottage war eine positive und fröhliche Umgebung im Vergleich zu den meist von anglikanischen Nonnen betriebenen, in Schande und Religion getränkten Alternativen, die Dickens als »verderblich und widernatürlich« bezeichnete.) Zwischenzeitlich gab er Zeitschriften heraus, ging spazieren, schrieb Briefe und saß in Ausschüssen.

Natürlich brachte ihn das alles um, so wie es jeden von uns umgebracht hätte. Tatsächlich versetzt einen das Stichwortverzeichnis von Peter Ackroyds Biografie ins Staunen darüber, dass er überhaupt so lange gelebt hat: Unter GESUNDHEIT finden sich Einträge zu Gallenkoliken und Nervenschwäche, Depression an der Grenze zum Zusammenbruch, Erysipel (eine Hautkrankheit), Gesichtsschmerzen, Kopfschmerzen, Erkrankung nach einem Angriff durch ein Pferd, Ohrenentzündung, Nierenproblemen, Nervenerschöpfung, Hämorrhoiden, Zuckungen und Krampfanfällen, Magenschmerzen, Schlaganfall und geschwollenem Fuß und Lahmheit (Gefäßstörung). Durch sorgfältige Entschlüsselung der Briefe kommt Tomalin auch zu dem Schluss, dass er am Tripper erkrankt war, offenbar ein Überbleibsel aus der Zeit ohne festen Geschlechtspartner, bevor die Sache mit Nelly richtig Fahrt aufnahm.

Wir müssen davon ausgehen, dass der Schlaf Dickens' Energie und seiner immer wieder angegriffenen Gesundheit zum Opfer fiel; seine unablässigen Märsche, die zum Teil nachts stattfanden, lassen darauf schließen, dass er es kaum je auf sieben Stunden brachte. Bekannt ist, dass er eines Nachts von London zu seinem Haus in Kent lief, eine Distanz von knapp fünfzig Kilometern, um der Misere seines häuslichen Lebens zu entkommen, aber meist ging er zwanzig Kilometer am Tag, mit einer durchschnittlichen Geschwindigkeit von sechs Stundenkilometern. (Selbst wenn er keine Romane, keine Briefe, keine journalistischen Artikel verfasst hätte, sondern nur gelaufen wäre, hätte man ihn immer noch für ziemlich beschäftigt halten können. Tägliches Marschieren, zehn Kinder – wer hat da noch Zeit zum Arbeiten?) Interessanterweise war Dickens ein so guter Beobachter von Schlafstörungen, dass das Obesitas-Hypoventilationssyndrom (OHS) auch als Pickwick-Syndrom bekannt ist, weil Joe, der dicke Junge aus den *Pickwickiern,* eindeutig daran leidet, und Dickens scheint es als Erster beschrieben zu haben. Seine Faszination für den Schlaf und seine Mysterien war so groß, dass es einen wissenschaftlichen Aufsatz mit dem Titel »Charles Dickens: Observer of Sleep and Its Disorders« gibt, den J. E. Cosnett für die American Sleep Disorders and Sleep Research Society verfasst hat. Seine Figuren leiden an unterschiedlichen Stadien von Schlaflosigkeit, Nachtangst, Schlafautomatismen (Schlafwandeln und anderen unbewussten, unwillkürlichen Aktivitäten) und Schlafsucht. Eine Schilderung von Oliver Twists Schlafstarre – »Uns beschleicht bisweilen eine Art von Schlummer, der, während er den Leib gefangen hält, der Seele ein Halbbewußtsein der Umgebung und die Fähigkeit, nach Belieben umherzuschweifen, läßt« – nimmt die medizinische Erstbeschreibung des Leidens Cosnett zufolge um mehr als vierzig Jahre vorweg. Dickens war gedanklich oft mit dem Schlaf beschäftigt, wie es scheint, und er dachte über ihn nach, beobachtete seine Qualen und seine Flüchtigkeit mit großer Sorgfalt.

In einer der klügsten und schönsten kritischen Schriften über Dickens bringt G. K. Chesterton den Schlaf mit dem Marschieren in Verbindung:

Hierin steckt das ganze Geheimnis jenes unheimlichen Realismus, mit dem Dickens stets irgendeine finstere oder glanzlose Ecke Londons mit Leben erfüllen konnte. In Dickens' Beschreibungen gibt es Details – ein Fenster, ein

Geländer oder das Schlüsselloch einer Tür –, die er mit dämonischem Leben erfüllt. Die Dinge erscheinen gegenwärtiger, als Dinge es eigentlich sind. Tatsächlich kommt diese Art von Realismus im wahren Leben nicht vor: Es ist der unerträgliche Realismus eines Traums. Und diese Art von Realismus kann nur erreicht werden, indem man träumerisch durch einen Ort geht; man erreicht ihn nicht durch wachsames Gehen.

Dickens ging also, Chesterton zufolge, in einem halb bewussten Zustand umher, oft statt zu schlafen, und liest man diese Worte und denkt dabei an seine Gesundheit, kommt man kaum umhin, sich zu fragen, ob es vielleicht nicht nur sein Arbeitspensum war, das ihn krankmachte, sondern auch sein absonderliches, zuweilen überirdisches Talent.

Auf den Fotografien, die gegen Ende seines Lebens aufgenommen wurden, sieht man keinen Mann in seinen Fünfzigern. Er wirkt mindestens zwanzig Jahre älter.

Und als der Tod kam, tat er es unvermittelt und zugleich in Zeitlupe, mit zahlreichen Hinweisen auf sein Erscheinen und offenbar zahlreichen Versuchen, ihn auf Abstand zu halten. In den letzten ein, zwei Jahren gab es einen Schlaganfall und dann die ersten und erfolgreichen Episoden von *Das Geheimnis des Edwin Drood* und Partys und Ausschüsse und Blutungen aufgrund von Hämorrhoiden und eine Begegnung mit Königin Viktoria und Laudanum und seine energiegeladenen, kräftezehrenden Lesungen und Lahmheit und Sehtrübung und dann schließlich einen Zusammenbruch. Er starb zu Hause, doch es besteht durchaus die Möglichkeit, dass der Anfang vom Ende, der verhängnisvolle Krampfanfall beim Zusammensein mit seiner Geliebten Nelly Ternan eintrat, in dem Haus in Peckham im Londoner Südosten, für das Dickens aufkam, und dass er eine wohl äußerst qualvolle stundenlange Kutschfahrt erduldete, um zu Hause in Kent im Kreise seiner Familie sterben zu können. Diese Theorie entspringt einem fantastisch romanhaften Detail. Am Tag vor seinem Tod hatte er einen Scheck über 22 Pfund eingelöst, doch seine Schwägerin fand nur 6 Pfund, 6 Schilling und 3 Penny, als sie nach seinem Tod seine Taschen leerte. Er zahlte Nelly ein Haushaltsgeld. Das erste Kapitel von A. N. Wilsons Buch *The Mystery of Charles Dickens* trägt die Überschrift »The Mystery of Fifteen Pounds, Thirteen Shillings and Ninepence«. Stimmt diese Version der Geschichte, dann war es ein strapaziöser, rastloser Tod, das angemessene Ende eines kräftezehrenden Lebens – weitere Bewegung, bis zum unmittelbaren Ende, für einen Mann, der nie stillhielt.

Wilson mutmaßt sogar – oder wie er es hinterlistig formuliert: »man muss nicht mutmaßen, um zu dem Schluss zu kommen« –, dass ihn sein Verlangen umbrachte, das Leben bis zum Äußersten zu leben: »Dickens, Vater von zehn Kindern [...], war ein stark sexualisierter Mann, der sich dem Liebesleben mit der gleichen überbordenden Tatkraft widmete wie der Liebe zum Leben.« Das ist ein Tod, den man sich auch beim anderen Gegenstand dieses Buches hätte vorstellen können.

Prince' Tod hatte sich ebenfalls angekündigt. Einige Tage zuvor hatte sein Privatflugzeug nach einem Konzert in Atlanta in Illinois notlanden müssen, und Berichten zufolge wurde ihm vom örtlichen Notdienst das Medikament Narcan gespritzt, das bei Überdosen eingesetzt wird. Narcan kommt in den USA so häufig zum Einsatz, dass es mittlerweile umstritten ist. »Hört auf, denen Narcan zu geben! Auf Kosten des Steuerzahlers«, kommentierte ein wütender Leser unter dem Onlineartikel einer Lokalzeitung über ein Elternpaar, das man bewusstlos aufgefunden hatte, während seine Kinder unweit davon spielten. Wie Margaret Talbot in einem niederschmetternden Artikel für den *New Yorker* schilderte, werden viele Opfer von Opioid-Überdosen unter freiem Himmel gefunden, weil das ihre Überlebenschancen erhöht; es ist unwahrscheinlicher, dass man stirbt, wenn man sein Fentanyl, das hundertmal so stark ist wie Morphium, am Rand eines Basketballplatzes oder auf einer Restauranttoilette konsumiert statt zu Hause, wo einen niemand finden wird, ehe es zu spät ist. Seine

Millionen retteten Prince knapp das Leben, denn er war nicht an einem öffentlichen Ort. Er war in einem Privatflugzeug, hoch oben in der Luft.

Am nächsten Tag, zurück in Paisley Park in Minneapolis, fuhr er mit dem Rad zu einem Plattenladen, um sich Alben von Santana und Stevie Wonder zu kaufen, und abends gab er eine Party. Einige Tage später besuchte er ein Konzert in einem lokalen Club. Er suchte auch einen Arzt auf, um sich ein Rezept ausstellen zu lassen. In der Nacht vor seinem Tod geschah etwas leicht Sonderbares: Einer seiner Angestellten rief einen kalifornischen Arzt namens Howard Kornfeld an, der auf die Behandlung von Suchterkrankungen spezialisiert war. Weil dieser selbst nicht gleich abkömmlich war, schickte er in jener Nacht seinen Sohn Andrew, mit dem er sich die Praxis teilte, nach Minneapolis. Die jähe, verzweifelte Einsicht in das Ausmaß des Problems hat etwas Ergreifendes; es ist, als hätte jemand gewusst, dass das Glück Prince verlassen würde: Bei Suchterkrankungen gibt es keine schnelle Abhilfe, aber Kornfelds Sohn wusste, dass er rasch handeln musste. Bei seiner zweiten Überdosis innerhalb einer Woche standen Prince' Millionen gegen ihn. Er wurde tot in seinem privaten Fahrstuhl auf seinem privaten Anwesen gefunden, zu weit weg von allen anderen, zu verborgen, um die magische Injektion zu erhalten. Der Fahrstuhl, die Kutsche von Peckham nach Kent – selbst in diesen letzten Momenten gibt es noch Bewegung.

Es war Andrew Kornfeld, der den Notruf wählte, als man die Leiche fand. Howard Kornfeld wurde mit ermüdender Vorhersehbarkeit von Angehörigen von Prince wegen widerrechtlicher Tötung verklagt, die argumentierten, der Arzt hätte Prince' Mitarbeitern sagen sollen, er müsse sofort ins Krankenhaus gebracht werden. Das Verfahren wurde eingestellt, weil es keine Belege dafür gab, dass Kornfeld je mit Prince gesprochen hatte, und demzufolge keine Arzt-Patient-Beziehung existierte. Wer auch immer in jener Nacht in Panik geriet, es war nicht Prince, der dafür vermutlich gar nicht in der Verfassung war.

Nur sehr wenige wussten von Prince' Schmerzmittelabhängigkeit, die wahrscheinlich begann, als er mit einem schmerzhaften Hüftleiden zurande zu kommen versuchte. Er schien es selbst nicht zu wissen – seine engeren Vertrauten glauben, ihm sei nicht ganz klar gewesen, in was er da hineingeraten war. Es besteht kaum ein Zweifel daran, dass das Hüftleiden durch fast vierzig Jahre an Konzertauftritten verursacht wurde, die ihm Abend für Abend wilde Bewegungen abverlangten. Er war Tänzer, und Tänzer sind nicht für die Ewigkeit gebaut. Zu viele Teile nutzen sich ab, verschleißen. Er war berühmt für seinen sauberen Lebensstil, nahm keine Drogen, ernährte sich vegan und trank gemäß der Lehre seiner Kirche nur hin und wieder ein Glas Rotwein. Sah Dickens bei seinem Tod wie ein Mittsiebziger aus, so wirkte Prince wie ein Mann in seinen Dreißigern, auch wenn sein Gesicht bei den letzten Konzerten vielleicht ein klein wenig verquollen erschien. Wären die beiden

Männer am selben Tag zur Welt gekommen, dann wären sie im Abstand von sechs Monaten gestorben. Fünfunddreißig oder fünfundsiebzig, das spielt keine Rolle. Diese außerordentlich schöpferischen Gehirne müssen tausend Jahre alt gewesen sein.

Natürlich haben sie beide fortgelebt, aber energischer als vielleicht erwartet und auf überraschende Weisen. Zum Beispiel erwähnte Noel Fielding Prince nach acht Minuten der ersten Folge von *The Great British Bake Off 2021;* vierzehn Minuten später nannte er auch Dickens' Namen. Keine der beiden Erwähnungen wirkte absonderlich oder forciert oder durch finanzielle Zuwendungen des Verlags motiviert, in dem dieses Buch erscheint. Sie dienten als Aufhänger für Witze über ausgefallenen Glamour respektive Klassenunterschiede. Wir greifen gern auf sie zurück, wenn wir irgendetwas rasch, mühelos und gut verständlich verdeutlichen wollen.

Dickens wird noch immer gelesen, und nicht nur, weil es widerwilligen Schülern vorgeschrieben wird. Und seine Werke versorgen unsere unliterarische Kultur noch immer mit einem steten Strom an Material. Im Jahr 2015 gab es eine BBC-Serie mit dem Titel *Dickensian,* in der sich Figuren aus verschiedenen Romanen zusammentaten, um den Tod Jacob Marleys aufzuklären. Im Jahr 2021 gab es einen zeitgenössischen Thriller mit dem Titel *Twist,* ein Gangsterfilm, in dem unter anderem Michael Caine als Fagin auftrat; Fagin war auch der Star eines Comics von Will Eisner mit dem Titel *Ich bin Fagin,* der 2003 erschien. Im Videospiel *Assassin's Creed Syndicate*

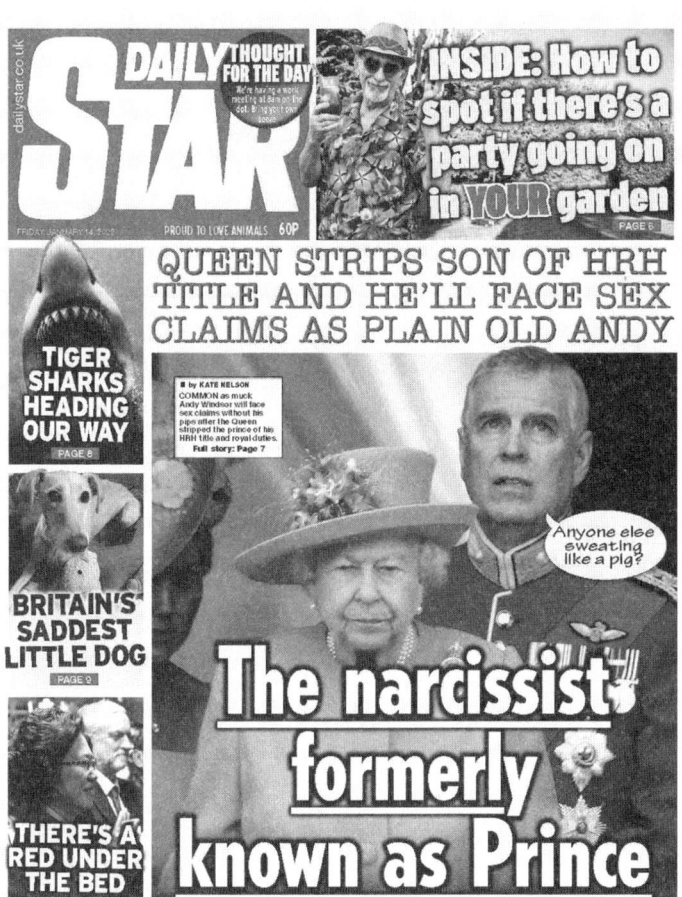

Prince lebt weiter, 2022.

gibt es eine Spezialmission namens »Unser gemeinsamer Freund«, wie ich dem *Assassin's Creed Syndicate Wiki Guide* entnehme (und ebenso wie *Fashion Quartely* hat sich diese Quelle bei meinen literarischen Recherchen bislang stets als absolut zuverlässig erwiesen).[12]

Im vergangenen Jahrzehnt gab es vier Film- oder Fernsehadaptionen von *Große Erwartungen,* darunter der indische Film Fitoor und Armando Iannuccis brillanter *David Copperfield – Einmal Reichtum und zurück* mit einer wunderbaren, für Hautfarbe blinden Besetzung. Bevor sie alt genug für die Rolle der Königin war, spielte Claire Foy für die BBC Amy Dorrit; die medienübergreifenden Adaptionen von *Eine Weihnachtserzählung* im einundzwanzigsten Jahrhundert sind schlicht nicht zu zählen (ich habe es versucht) – animierte Filme, Puppentheater,

---

12 »*Unser gemeinsamer Freund* gehört zur Episode Die Verschwörung um Darwin und Dickens«, lautet die hilfreiche Ausführung der Wiki-Seite. »Die Mission der Stufe 6 ist in Westminster zu finden. Sie beginnt damit, dass ihr John Hammon aufspüren müsst. Er befindet sich im nahe gelegenen Bahnhof, also geht dorthin, sprecht mit ihm und begleitet ihn dann langsam aus dem Bahnhof hinaus. Nähert ihr euch dem Ausgang, stürzen sich ein paar Gegner auf euch. Kümmert euch um sie und hebt dann die markierte Leiche auf. Ihr müsst sie zur Themse bringen. [...] Werft die Leiche ins Wasser und begebt euch in den nächsten Spielbereich. Sobald ihr dort angekommen seid, redet mit der Frau, und die Mission ist abgeschlossen.« Ähm. Ja. Das ist mehr oder weniger der Inhalt des Romans.

es ist alles dabei. Leider gibt es auch eine Reihe von Filmen mit dem Titel *A Tale of Two Titties,* aber die scheinen sich nicht an der Handlung des Buches zu orientieren.

Unterdessen ist Prince quasi noch am Leben, was seine Musikerlaufbahn betrifft. Posthum sind Special Editions von *Purple Rain* und *Sign o' the Times* erschienen, die beide unveröffentlichtes Material enthielten, und ein Album mit Solo-Demos, *Piano & a Microphone 1983,* sowie ein Album mit dem Titel *Originals,* bestehend aus den Demos, die er anderen Künstlern überlassen hatte. Im Jahr 2021 gab es *Welcome 2 America,* eine neue Sammlung von Songs, die er 2010 mit einer Band aufnahm, aber seinerzeit nicht veröffentlichte. Das bedeutet, dass endlich jemand Prince' Schatzkammer durchforstet und den Inhalt zu organisieren versucht.

Dieser Jemand ist ein Mann namens Troy Carter, der früher einmal bei Spotify tätig und Manager von Lady Gaga war. Zusammen mit einer Gruppe von Archivaren hat er das gesamte Material aus Paisley Park in einen klimatisierten Lagerraum der Firma Iron Mountain verlegt. Niemand weiß, wie viel sich darin befindet; vielleicht weiß es auch Troy Carter noch nicht, weil er erst drei Jahre hatte, um sich damit zu befassen, aber die Schätzungen reichen von fünf- bis achttausend unveröffentlichten Songs beziehungsweise einem halbjährlichen Album mit zehn Stücken für die nächsten drei- oder vierhundert Jahre.

Ich habe lange genug gelebt, um das Ansehen toter Künstler über Jahrzehnte hinweg steigen und – was häufiger vorkommt – schwinden zu sehen. Redet noch irgendjemand aufgeblasen und völlig nichtsahnend über Sartre und die Existenzialisten daher wie meine Teenagerfreunde und ich in unserem letzten Schuljahr? Ist Bellow der Übergang vom zwanzigsten ins einundzwanzigste Jahrhundert geglückt? (Falls Sie ihn früher einmal geliebt haben, sollten Sie *Der Regenkönig* einmal mit den Augen Ihrer hitzigen, ungestümen Kinder lesen oder wieder lesen.) Wirkt Dalí nicht allmählich etwas albern? Lecken sich Jugendliche die Finger nach Prog Rock aus den 1970ern? Dickens hat seinen Prozess gewonnen. Wenn er ausstirbt, wenn seine Romane nicht mehr gelesen werden, dann weil der Roman an sich ausstirbt, was natürlich noch geschehen kann.

Sein Ansehen bei den Kritikern schwankt seit seinem Tod. Virginia Woolf rümpfte, wie nicht anders zu erwarten, die Nase – seine »Stimmung ist widerwärtig und sein Stil gewöhnlich«. Huxley ließ sich über seine Vulgarität aus. Langsam, über die folgenden Jahrzehnte hinweg, wurde er von weitsichtigeren Kritikern gerettet, aber selbst anlässlich seines zweihundertsten Geburtstags im Jahr 2012 ließ der Kritiker John Sutherland in einem Artikel mit der Überschrift »Enough with the Charles Dickens Hero Worship« verlauten, *Jahrmarkt der Eitelkeit* sei »ein größerer Roman, als alles, was Dickens je geschrieben hat«, und Wilkie Collins' *Der Monddiamant* »falt[e] *Bleak House* zum Dreispitz zusammen«.

Merkwürdigerweise scheint Sutherland den Artikel verfasst zu haben, um sein Buch *The Dickens Dictionary* zu bewerben, das den Untertitel *An A–Z of England's Greatest Novelist* trägt. Damals wie heute scheint sich mit Dickens mehr Geld verdienen zu lassen als mit sämtlichen Rivalen.

Und momentan ist schwer vorstellbar, dass Prince irgendwann von der Bildfläche verschwindet, zumal wenn er über die nächsten paar Jahrhunderte hinweg zwei gute Alben im Jahr herausbringt, selbst wenn es die Mittzwanziger, die *Purple Rain* im Kino gesehen haben, dann nicht mehr gibt. »Er war ein eigenes Genre«, hat Questlove geschrieben. Sie werden kaum behaupten können, seine Musik nicht zu mögen, denn seine Musik war alles, was Sie je gemocht haben – zusammengewürfelt, revolutioniert, in neuen Farben angepinselt. Vielleicht haben Sie *Purple Rain* satt, aber irgendwo in dieser gewaltigen *Sign-o'-the-Times*-Box steckt ein Song, den Sie lieben werden, weil er so mannigfaltig ist. Und dann haben Sie sich noch gar nicht mit dem ganzen Rest befasst.

Aber mir ist es gleich, ob die Songs überdauern oder nicht und ob Sie sie mögen oder nicht. Das übersteigt den Rahmen dieses Buches. Für mich ist entscheidend, dass Prince und Dickens mir jeden Tag sagen: nicht gut genug. Nicht schnell genug. Nicht genug. Mehr, mehr, mehr. Denk schneller, sei ehrgeiziger, sei einfallsreicher. Und was auch immer man beruflich macht, das ist etwas, was man hin und wieder hören muss. Waren sie glücklich? Wahrscheinlich nicht. Auch das übersteigt den Rahmen dieses Buches. Dieses Buch handelt von Arbeit, und keiner hat je härter gearbeitet oder höhere Ansprüche an sich angelegt als diese beiden und hat dabei über so lange Zeit hinweg eine Verbindung mit so vielen Menschen aufrechterhalten. Darum hängen Fotos von beiden an der Wand meines Arbeitszimmers. Sie werden dort bleiben, so lange ich sie brauche, also bis an mein Lebensende.

DANKSAGUNG

Danke an Georgia Garrett, Mary Mount, Tony Lacey, Sarah McGrath, Robert Douglas-Fairhurst, Ben Greenman, Lucy Chavasse, Mary Chamberlain, John Crowley und Luke McKernan.

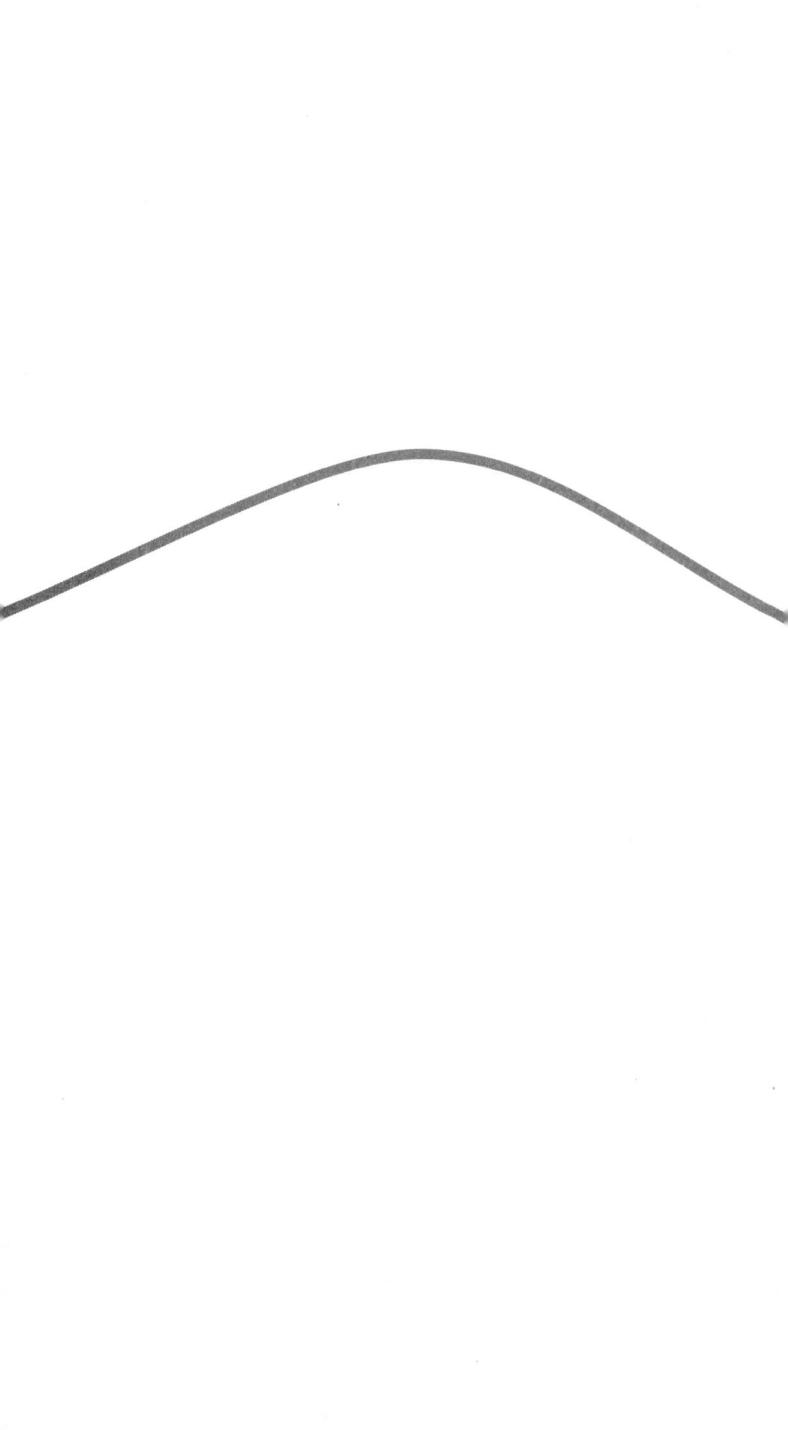

AUSGEWÄHLTE LITERATUR

Falls deutsche Ausgaben vorlagen, wurde daraus zitiert. Sonst eigene Übersetzungen.

BÜCHER

Claire Tomalin, *Charles Dickens: A Life,* 2011.
George Orwell, »Charles Dickens«, aus: *Inside the Whale.*
John Sutherland, *Victorian Fiction,* 1976.
Alex Hahn and Laura Tiebert, *The Rise of Prince,* 2017.
Prince, *The Beautiful Ones,* 2019.
John Carey, *What Good are the Arts?,* 2005.
Caroline Stafford and David Stafford, *Fings Ain't Wot They Used T'Be,* 2011.
Annie Dillard, *The Writing Life,* 1989.

Anne Lamott, *Bird by Bird*, 1994.

Leon Edel (Hrsg.), Henry James: *Selected Letters*, 1987.

Michael Slater, *Charles Dickens*, 2009.

Charles Dickens, *The Pilgrim Edition of the Letters of Charles Dickens: Volume 6: 1850–1852*, 1988.

Robert Douglas-Fairhurst, *Becoming Dickens*, 2011.

ders., *The Turning Point: A Year that Changed Dickens and the World*, 2021.

Peter Ackroyd, *Dickens*, 1990.

Matt Thorne, *Prince*, 2017.

Ben Greenman, *Dig If You Will the Picture: Funk, Sex, God and Genius in the Music of Prince*, 2017.

Duane Tudahl, *Prince and the Purple Rain Era Studio Sessions: 1983 and 1984*, 2018.

Laurence W. Mazzeno, *The Dickens Industry*, 2008.

A. N. Wilson, *The Mystery of Charles Dickens*, 2020.

DEUTSCHSPRACHIGE AUSGABEN

Charles Dickens, *Bleakhaus*. Aus d. Engl. v. Gustav Meyrink. Zürich: Diogenes, 1984.

Charles Dickens, »Der Raritätenladen«. In: *Master Humphrey's Wanduhr. Band eins und zwei*. Aus d. Engl. v. Carl Kolb. Leipzig: Carl Zieger, o. J.

Charles Dickens, *Nikolas Nickleby*. Aus d. Engl. v. Gustav Meyrink. Augsburg: Weltbild, 2004.

Charles Dickens, *Oliver Twist*. Aus d. Engl. v. Julius Seybt. Leipzig: Philipp Reclam jun., o. J.

John Forster, *Charles Dickens' Leben. Erster Band. 1812–1842*. Ins Deutsche übertragen von Friedrich Althaus. Berlin: v. Decker, 1872.

Prince, *The Beautiful Ones. Die unvollendete Autobiografie*. Aus dem Amerikanischen Englisch von Eike Schönfeld und Claudia Wuttke. München. Wilhelm Heyne, 2019.

Hans und Shulamith Kreitler, *Psychologie der Kunst*. Übersetzt aus dem Englischen von Chaim und Regina Krzepicki. Stuttgart, Berlin, Köln, Mainz: Kohlhammer, 1980.

Matt Thorne, *Prince: Die Biografie*. Übersetzung: Daniela Papenberg, Michael Sailer, Martina Walter. Hamburg: Edel Books, 2017.

ARTIKEL, BLOGS UND MEDIEN

Questlove, *Rolling Stone,* »Questlove Remembers Prince«, 2016.

Scott Barry Kaufman, *Guardian,* »What is Talent?«, 2013.

Chuck Arnold, *Billboard,* »Prince Collaborator Chris Moon Remembers Mentoring Legend Before the Fame«, 2018.

Robert Christgau, *Village Voice,* 1980.

Luke McKernan, LukeMcKernan.com, »Walking with Charles Dickens«, 2013.

Brian Raftery, *Spin,* »Prince: The Oral History of ›Purple Rain‹«, 2009.

ThisIsTheatre.com, »Hard Times the Musical«.

Pauline Kael, *New Yorker,* Rezension zu *Purple Rain,* 2018.

Guardian, »Ten Rules for Writing Fiction«, 2010.

David Gates, *Salon,* »Portrait of the artist as a minor character«, 2000.

Newsweek, »Reports from the Heartland«, 1991.

Susan Rogers, Daily.RedBullAcademy.com, »Susan Rogers on Working with Prince«, 2017.

David Stubbs, *Guardian,* »Jimmy Jam and Terry Lewis«, 2016.

Andrea Swensson, *The Current,* »Prince: The Story of Sign o' the Times«, 2020.

Lucy Mapstone, *Belfast Times,* »Unseen Letters«, 2020.

Alison Flood, *Guardian,* »Oliver Twiss and Martin Guzzlewit«, 2019.

David Browne, *Rolling Stone,* »Prince in the Nineties«, 2016.

Ben Beaumont Thomas, *Guardian,* »Prince's sound engineer, Susan Rogers: ›He needed to be the alpha male to get things done‹«, 2017.

Tom Taylor, *Far Out Magazine,* »Prince's favourite song of all time«, 2021.

Wesley Morris, *New York Times,* »Prince Knew What He Wanted«, 2016.

Katherine Turman, Esquire.com, »One Year After Prince's Death«, 2017.

Andy Gill, *Independent,* »Prince: HitnRun Phase Two«, 2015.

David Drake, *Pitchfork,* »HitnRun Phase Two«, 2016.

Philip Hensher, *Guardian,* »You'll Never Catch Me Watching It«, 2005.

Catriona Davies, *Daily Telegraph,* »Dickens epic becomes *EastEnders* in a crinoline«, 2005.

John Sutherland, *Guardian,* »Enough with the Charles Dickens Hero Worship«, 2012.

Prince and The Revolution, »Let's Go Crazy«, *Purple Rain,* 1984.

Joe Levy, Dokumentation *Slave Trade,* 2014.

David Kluft, TrademarkandCopyrightLawBlog, »Charles Dickens and Copyright Law: Five Things You Should Know«, 2017.

David Browne, *Rolling Stone,* »Inside Prince's Final Days«, 2016.

Catherine Waters, *The Conversation,* »Charles Dickens: 150 Years On, Debate Still Rages Over His ›Misogynist‹ Label«, 2020.

J. E. Cosnett, Just: Sleep, »Charles Dickens: Observer of Sleep and Its Disorders«, 1992.

Dr. Meir H. Kryger, Elsevier.com, »How Charles Dickens Inspired a Breakthrough in Sleep Medicine«, 2013.

Lucinda Hawksley, ALCS.co.uk, »Charles Dickens, Copyright Pioneer«, 2015.

Lauren Cochrane, *Guardian,* »The Women Behind Prince«, 2017.

Mica Paris, *Guardian,* »Prince: Memories of U«, 2016.

Carra Glatt, *Nineteenth Century Studies,* »When Found, Make a Note of: Tracing the Source of a Dickensian Legend«, 2014.